LE CHOC

PATRICK JAULENT

JACKY CASSOU

Avec la contribution de...

Annick Giroudon – Claudine Evrard – Myriam Libé
Sandrine Barrière

PRÉAMBULE

Nous sommes en guerre !

Cette guerre contre le coronavirus cristallise le début d'une rébellion contre l'ordre établi par les 70 grands de ce monde.

La maladie n'est que la traduction de nos lâchetés devant leur soif inassouvie de puissance et de richesse. Certains veulent dominer notre belle planète bleue et pour mieux l'asservir, ils sont prêts à balancer leurs dernières trouvailles génératrices de peur.

Notre sort semble scellé.

Aujourd'hui la physique rejoint les textes sacrés.

Si nous les écoutons, les physiciens nous assurent qu'il existe d'autres niveaux de réel.

Changeons alors notre façon de vivre, modifions nos raisonnements en nous plaçant sur le plan divin.

Si cette pandémie nous a permis de redécouvrir avec joie le courage de nombreuses personnes, leur empathie, leur mobilisation pour aider leur prochain, il n'en reste pas moins vrai que ces valeurs sont tensiogènes, conduisant à un point de rupture.

Le monde est irréversiblement en train de muter. Plus rien ne sera jamais comme avant : la peur s'est installée.

1.

Les mensonges les plus cruels sont souvent racontés en silence.

Au cœur du Quartier latin, dans sa petite chambre mansardée, assis devant son écran d'ordinateur, Arnaud, casque sur les oreilles, écoute et réécoute en continu, le dernier message que lui a envoyé son père.

De longues pauses ponctuent chaque mot, comme s'il cherchait à reprendre son souffle après une interminable course.

Quelques jours auparavant, sa mère lui avait annoncé que son père avait été transporté dans un état critique aux urgences du GHR de Mulhouse Sud Alsace. Il avait été diagnostiqué positif au coronavirus. Rassurante, elle lui demandait de ne pas s'inquiéter, mais comment pouvait-il en être autrement avec les innombrables communications alarmistes, diffusées par tous les médias ? Un ennemi invisible au nom de code Covid-19 avait fait son apparition à Wuhan en Chine. « Covid KILL 19 » aurait été plus judicieux comme nom.

Arnaud le sait fort bien, lorsque les médecins invités sur les plateaux de télévision semblent préoccupés en parlant de ce virus, cela signifie que la réalité est bien plus grave qu'ils ne le laissent paraître derrière leurs sourires coincés.

Les dernières paroles du message de son père, prononcées d'une voix claire, ressemblaient à un code. Cherche-toi, moi je n'ai pas eu le temps de trouver. Toi tu réussiras. La clé est à l'origine...».

Il sourit en songeant aux échanges qu'il entretenait avec son père qui lui ne croyait pas aux coïncidences. L'une de ses citations préférées était celle d'Albert Einstein « Dieu ne joue pas aux dés », autrement dit, la probabilité que trois dés lancés tombent sur « 6 » n'existe pas. L'univers contrôle le jet, répétait-il.

« Tu vois fils, il n'y a pas de coïncidences, sauf pour les ignorants. 432 x 432 correspond à la vitesse de la lumière par seconde ; 432 x 200 = 86 400 secondes en une journée et 432 x 2000 = 864 000 miles = 1 390 473 km qui est le diamètre du soleil quoi qu'on en dise sur Wikipédia !) - 432 x 52 160 miles = 347 618 304 kms est le diamètre de la lune ; 432 x 60 = 25 920 équivaut à l'année précessionnelle. Ce résultat est basé sur les indications d'Hipparque, qui a calculé avec précision l'équinoxe de printemps, pour établir que les étoiles sur l'écliptique se décalent d'un degré tous les 72 ans. 360 degrés x 72 = 25 920 ans afin que le Soleil effectue une révolution complète sur l'éclipse à l'équinoxe. Et, 432 Hz est la fréquence du bonheur.

Dis papa, c'est quoi cette chose ? C'est d'être avec toi, et maintenant dodo ! Et avec 234 ? Pourquoi 234 ? Ben parce que 432 + 234 (miroir de 432) = 666. Tu ne sais pas ça Pap ? Dodo – Dodo ! »

****

Apprenant que son père avait été hospitalisé aux urgences, Arnaud prend le premier TGV pour retrouver sa mère dans son appartement du quartier populaire de Bourtzwiller à Mulhouse.

Elle l'attend devant la porte d'entrée de l'immeuble. Alors qu'il se dirige vers la voiture d'un voisin qui s'était proposé de les accompagner à l'hôpital Émile Muller de Mulhouse, il sent un regard sur lui.

Arrivé à la portière du véhicule, il se retourne et aperçoit à la fenêtre, Jade, une fille qu'il avait connu quelques années auparavant.

****

Après une demi-heure environ de route à vive allure, le chauffeur essaie de se frayer un chemin, entre les véhicules de pompiers et les ambulances qui foncent toutes sirènes hurlantes, afin de rejoindre l'entrée du centre hospitalier.

Cela ressemble à une scène de chaos d'un film sur le 11 septembre 2001.

« Bloc A pour lui, Réa pour elle. » Entendent-ils en se dirigeant vers la réception.

Deux heures plus tard, ils se morfondent toujours dans une salle aménagée pour les nouveaux arrivants, quand vient leur tour.

Un jeune médecin s'approche de sa mère pour lui indiquer d'une voix timide que l'état de santé de son père s'est dégradé et qu'ils sont autorisés par le chef de service à le voir pendant une heure au maximum.

Après avoir enlevé la totalité de leurs vêtements, ils s'équipent comme des cosmonautes. Arnaud a l'impression d'être Matt Damon dans le film de science-fiction « Seul sur Mars ».

Ils entrent alors dans la chambre double qui ressemble à un laboratoire expérimental, avec tous ces écrans et ces tuyaux qui entourent le lit de son pater.

Il est là, allongé sur le ventre, un masque à oxygène sur le visage.

Interdiction de le toucher.

Sa mère pleure. Arnaud la prend dans ses bras. Aucun mot de réconfort n'aurait pu alléger sa souffrance de le voir ainsi.

C'est les yeux pleins de larmes que la maman d'Arnaud assiste, impuissante au combat de son époux...

Elle commence à lui parler en lui remémorant leurs bons moments.

Arnaud ne l'entend pas, son esprit est accaparé par un moniteur où des courbes de différentes couleurs défilent sur l'écran, symbolisant la fréquence des pulsations cardiaques, la température et bien d'autres choses encore dont il ignore la signification.

Tout est blanc dans la chambre, de la blancheur ripolinée des murs d'hôpitaux. Sur l'un d'eux sont accrochés un microphone et un haut-parleur, sans doute pour les situations d'urgence.

Le regard d'Arnaud se porte sur le lit inoccupé à proximité de celui de son père. Pourquoi un lit vide, alors que des patients attendent dans les couloirs assis sur des chaises, leur bouteille d'oxygène à côté d'eux ?

En observant l'écran, il se revoit devant son ordinateur finissant de coder une application web, pour un projet d'école.

Il repense à son père qui la main sur l'épaule, lui expliquait comment « pénétrer » un site sur le Net : comment ouvrir des portes et les refermer sans laisser de traces.

Son père ne parlait jamais de son travail et chaque fois qu'ils le questionnaient, il bottait en touche en les gratifiant d'une pirouette dont il avait le secret.

Soudain, une infirmière entre dans la chambre. Ses yeux sont rouges et gonflés.

A cet instant, Arnaud et sa mère en pleurs comprennent qu'ils doivent quitter les lieux.

Après s'être douchés et avoir remis leurs vêtements, ils prennent l'ascenseur, seuls, pour rejoindre l'accueil et y accomplir les formalités d'usage.

Alors qu'il est en pleine rédaction, le même jeune médecin s'approche de lui et le fixe du regard.

Il va s'en sortir ?

Nous faisons notre possible, il faut garder confiance.

Arnaud serre sa mère entre ses bras. Il sent les larmes couler sur ses joues.

C'est étrange, il n'y a aucun bruit.

Le silence précède la mort, disaient les anciens.

Le lundi 9 mars 2020, le bal de ceux qui partiront ne fait que commencer.

- 109 695 cas infectés au Covid-19 sont confirmés dans le monde, dont 80 859 en Chine.

- 27 pays de l'Union européenne sont touchés.

- En France, le dernier bilan fait état de 1 412 cas, et 25 décès selon le directeur général de la Santé.

Le pays est au stade 2 de l'épidémie.

Le ministre de la Culture, Franck Riester, est le premier membre du gouvernement français à être testé positif.

Arnaud sait que le plus difficile de cette maléfique journée est à venir. Assis sur une chaise, sa mère à ses côtés, il finit de remplir ces foutues formalités.

Il est noté : « En cas de décès d'un patient atteint de la Covid-19, les actes de thanatopraxie sont proscrits, mais pas tous les soins mortuaires.

Le Haut Conseil de la santé publique (HCSP) a émis des recommandations : transport dans une housse hermétique et fermée (et pas sur un brancard recouvert d'un drap), mise en bière du corps immédiate sans la toilette, et condamnation du cercueil. Vous aviez dit cohérence et maîtrise de la situation ?

La vie ressemble à un oignon, vous le pelez de jour en jour et parfois vous pleurez.

2.

Nous sommes en guerre

Emmanuel Macron, Président de la République française

La lutte contre le coronavirus exige une mobilisation nationale. Dès demain midi, et ce pour quinze jours au moins, les déplacements seront fortement réduits (...). Si vous voulez nous aider, il faut rester chez vous, c'est ça le plus important annonce le chef de l'État lors d'une allocution télévisée le 16 mars 2020. 300 milliards d'euros seront débloqués afin qu'aucune entreprise ne soit livrée au risque de faillite et que personne ne soit laissé sans ressources.

Nous sommes en guerre. En martelant six fois cette expression martiale en vingt minutes, le Président Emmanuel Macron a souhaité faire comprendre aux insouciants ou inconscients que la lutte contre le coronavirus relevait réellement d'une guerre sanitaire.

****

Ça, tombe bien Monsieur le Président, *moi Arnaud, Je suis également en guerre !*

Je ne peux m'empêcher dans le taxi qui nous ramène ma mère et moi à l'appartement, de penser au dernier message vocal de mon père « cherche, toi, moi je n'ai pas eu le temps de trouver. Toi tu réussiras. La clé est à l'origine…

Je suis inquiet pour ma mère, à près de 50 ans, j'espère qu'elle n'a pas attrapé ce satané virus à l'hôpital.

Dans le logement de mon enfance, rien n'a changé. Tout est toujours ordonné avec une apparente maniaquerie. Dans la pièce principale, le mobilier est simple, soigné, avec une table ronde recouverte d'un délicat napperon brodé, quatre chaises anciennes cannées et une banquette grise molletonnée. La vaisselle est méticuleusement logée dans le buffet, tandis que quelques bibelots désuets se partagent les étagères. Les murs rappellent les souvenirs d'un joli passé grâce aux photos encadrées avec amour. Livres et disques sont alignés sur les rayonnages de la bibliothèque. Des trésors d'imagination ont été déployés pour optimiser la salle de bain et la rendre attrayante. Les deux chambres à coucher sont sobres et soigneusement rangées. Soixante mètres carrés d'intimité confortable où j'aimais vivre avec mes parents. Le balcon étant l'endroit où je m'évadais.

— Tu te souviens de l'oie que ton père avait gagnée à la fête foraine ? Nous ne savions pas quoi en faire, alors nous l'avons mise à la cave. Le lendemain il est descendu, mais il était remonté furax, car elle l'avait pincé les fesses avec son bec.

Il n'a pas pu s'asseoir pendant 11 jours. On a fini par l'offrir à notre boucher.

—Oui, oui j'étais petit. Elle était méchante. La seule issue de sortie pour cette volaille était de terminer en confit.

—Tu te rappelles Mam, lorsque les voisins de l'étage en dessous t'avaient insultée et qu'il était allé leur rendre une petite visite ?

Le mec a voulu se la jouer. Mauvais plan !

—Il a toujours été gamin dans sa tête ton père, sans cesse à faire rire la galerie, ne se prenant jamais au sérieux .

—Il avait fait de la boxe dans sa jeunesse ; dans notre quartier, entre voitures brûlées et trafics en tous genres, pour survivre il fallait avoir des poings.

—Oh oui, c'était sa passion. Il travaillait beaucoup afin que nous ne manquions de rien.

—Je sais Mam, même quand il rentrait tard le soir, je pouvais lui demander de m'aider pour mes devoirs.

—Ton père était très intelligent, le plus doué de sa famille de voyous. Il a eu son bac à 17 ans, ce qui était rare à son époque.

—Je sais Mam. Tu devrais aller te coucher. On téléphonera demain à l'hôpital pour avoir des nouvelles, et si tu veux on regardera des photos.

—Je n'ai pas besoin de cela. Il est toujours là près de moi, depuis tant d'années passées ensemble, il est en moi. Tu as raison mon fils, je suis fatiguée et toi tu ne restes pas encore toute la nuit sur ton ordinateur, ce n'est pas bon pour tes yeux.

—Promis Mam.

Je savais qu'aucun de mes mots ne pouvait soigner ses maux. J'espérais juste lui apporter un peu de douceur.

Mes rapports avec ma mère avaient toujours été conflictuels.

Je me souviens que lors d'une visite dans la famille, mes parents étaient repartis et avaient oublié le petit garçon de 5 ans que j'étais. Je me suis alors caché sous une table pendant un temps qui m'a semblé être une éternité, avant que l'on ne revienne me chercher.

Nous sommes en guerre, mère,

Un nouvel ennemi invisible hante nos rues.

Les jours ressemblent à des semaines et les semaines à des mois.

Et pourtant chaque seconde qui passe nous abreuve de nouvelles nourrissant notre panique primale.

Nous dévalisons les rayons des magasins, laissant vides les étagères.

Plus d'eau, plus de pain !

Ils nous disent que la pandémie nous rend tous égaux, alors pourquoi les pauvres sont-ils encore plus pauvres et les riches encore plus riches ?

Nous sommes en guerre, mère, ils sont armés les hommes qui arpentent nos rues et nous obligent à rester dans nos appartements.

Ils nous verbalisent lors d'une promenade dans le parc si nous n'avons pas le laissez-passer signé par nous-mêmes !

Les actionnaires chantent, leurs placements font fructifier leur abondance, tandis que les petits entrepreneurs et les indépendants se paupérisent.

Nous sommes en guerre, mère, alors que le monde n'a jamais été aussi peu sûr, le stress et l'anxiété grandissent.

On démantèle l'économie mondiale en rêvant de papier toilette !

Le peuple souffre !

Il se voit dépouillé de tout pendant qu'il garde les yeux fixés sur son écran.

Oui mère, nous sommes en guerre bioterroriste, et la vie ressemble à un oignon, que nous pelons de jour en jour et nous pleurons.

3.

À l'évidence, des choses se sont passées là-bas que nous ne savons pas.

Emmanuel Macron, Financial time

Le 31 décembre 2019, le gouvernement chinois informe le bureau de l'OMS en Chine qu'un cas de pneumonie inconnue a été détecté dans la province du Hubei précisément dans une ville de 11 millions d'habitants : Wuhan.

Jusqu'ici tout va bien...

Du 31 décembre 2019 au 3 janvier 2020, un total de 44 patients atteints de cette pneumonie d'étiologie virale a été signalé à l'OMS par les autorités nationales chinoises.

Jusqu'ici tout va bien...

Les 11 et 12 janvier 2020, l'OMS reçoit d'autres données détaillées, indiquant que l'épidémie est associée à des expositions sur un marché de fruits de mer de la ville de Wuhan.

Jusqu'ici tout va bien...

Le 7 janvier 2020, le gouvernement chinois informe qu'il s'agit d'un nouveau type de coronavirus.

****

Enfermé dans sa chambre entièrement dans le noir, son casque sur les oreilles, Arnaud démarre sa playlist puis se lance dans une recherche sur le Cornavirus sur le NET.

—Tu m'empêches de dormir. S'il te plaît, va te coucher.

Avec son casque, il ne s'est pas rendu compte que la musique était forte.

—Pardon, Mam, je ne le ferai plus. Promis, je vais aller faire dodo.

Il le retire et poursuit sa navigation sur la toile en repensant au message : « Cherche, toi... ».

S'installe alors un monologue à voix basse avec son ordinateur. Arnaud est persuadé que son père est présent dans la machine et qu'il saura le guider à travers l'écran.

—Bon Pap, je commence par où demande-t-il à son PC.

—Ah ! Toi non plus tu ne crois pas ce que les Chinois ont raconté ! Tu penses que l'Empire du Milieu nous a fait quelques petites chinoiseries ?

—Alors comme ça, un docteur a alerté du danger et on lui a ordonné, à la manière chinoise, de se taire ! En effet, dès le 30 décembre 2019, Li Wenliang, ophtalmologue à l'hôpital de Wuhan signale à ses collègues médecins, un virus dont sont atteints plusieurs de ses patients, qui lui semble être proche du SRAS (Syndrome respiratoire aigu sévère lié au coronavirus) de 2002. Il est mort en héros le 7 février 2020 à l'âge de 33 ans. Qu'en penses-tu Pap ?

L'ordinateur lui répond.

—Je pense que tu devrais regarder les dates, remonter dans le temps.

—Yes ! Je savais que tu étais là Pap ! Remonter le temps ?

—La réponse est avant le 31 décembre 2019. Tu découvriras, fils.

—Au fait ça veut dire quoi ton message « Cherche, moi je n'ai pas eu le temps de trouver. Toi tu réussiras. La clé est à l'origine… » Chercher mais où ?

—Je peux te guider, mais pas te donner les réponses. C'est à toi de faire éclater la vérité.

—Ah ouais ! Et bien tu es très lent. Tu dois avoir ta mémoire cache encombrée. Je vais lancer un nettoyage, de l'ordi. Je n'aime pas laisser des cookies (témoins de connexion).

—Bravo, mon fils, n'oublie pas que c'est aussi par les cookies qu'ils peuvent pénétrer ta machine. Maintenant je te laisse et tu devrais aller te coucher, car ta mère a raison ce n'est pas bon pour tes yeux.

—Pap, Pap j'ai plein de questions ?

— Une dernière.

—Je me demandais pourquoi les médias parlaient davantage de l'évolution du nombre de personnes, en réanimation ou infectées, que de celles sauvées.

—Sauvées oui, mais le sentiment de victoire sur le virus est remplacé par l'anxiété que cela se reproduise, et par la honte que la maladie ait affecté la famille, le travail. Les guéris reviennent à la vie plus minces, plus pâles, plus faibles.

Ce sont des survivants, leurs collègues ne leur tapent plus dans le dos.

J'espère voir un jour une marée humaine brandissant des rubans dorés en signe des succès remportés jour après jour par ceux qui les ont aidés à cicatriser leurs blessures.

****

Arnaud se demande s'il n'est pas en train de perdre la tête en parlant à son ordinateur. Pour lui c'est vital, c'est le seul moyen qu'il ait trouvé pour supporter le départ de son héros en soins intensifs.

Dans quelques jours, il aura 24 ans, et son père ne sera pas là. Une larme perle à ses yeux.

****

Bien qu'il soit confiné depuis plusieurs jours, Arnaud n'ignore pas la conjoncture en France et plus spécialement à Mulhouse qui est devenue le foyer majeur depuis un vaste rassemblement fin février dans un quartier du département.

Ce virus invisible qui ne semble s'apparenter à aucun autre déjà connu est incroyablement puissant, résistant, et hautement contagieux. La situation vécue au GHR Mulhouse Sud-Alsace est compliquée. Les mal-portants affluent de partout.

L'ensemble des employés doit s'adapter au jour le jour pour tenter de garder le contrôle.

Les établissements hospitaliers manquent de lits et de matériel de protection, comme les masques, les solutions hydroalcooliques, les blouses, les gants ou les lunettes. Les soins quotidiens de chaque malade hospitalisé nécessitent 30 équipements jetables par jour.

À défaut d'utiliser un masque FFP2, les personnels soignants sont invités à mettre deux FFP1 (logique pour les technocrates, car 2 fois 1 égale 2). Des soignants sont contaminés parce qu'ils partent au combat sans arme.

Certains patients en détresse respiratoire exigent une intubation et une ventilation rapide.

Pour faire face à cette épidémie et au manque d'intubateurs, il ne reste plus que la discrimination des malades. Des réflexions sont en cours pour établir des critères d'admission, car ceux de plus de 75 ans en état grave ne survivent pas en réanimation, après avoir été extubés, leur système respiratoire ne repart pas.

Les décès s'accumulent. Les personnes meurent, seules, sans aucune présence familiale ou amicale.

Il n'y a plus d'égalité dans l'accès aux soins.

La pénurie de matériel concerne l'ensemble des fonctionnaires amenés à être en contact avec le public.

Le 28 février 2020, à Beauvau, lors d'un comité technique, le secrétaire général de la force publique a demandé une dotation pour chaque policier.

Il aura fallu 15 jours pour que le ministère de l'Intérieur récupère un demi-million de masques pour son personnel en contact avec la population, et une semaine de plus avant qu'ils ne commencent à être distribués. Les CRS chargés d'encadrer la manifestation des gilets jaunes, le 14 mars à Paris n'en disposaient pas. Du côté des gendarmes même chienlit.

Arnaud est atterré de voir la publicité faite sur le A320 militaire qui a emmené six patients dans le sud de la France, alors même qu'il faudrait déplacer probablement 10 ou 20 hospitalisés par jour pour éviter la surchauffe.

Désespéré de constater que 10 jours sont nécessaires à l'armée française pour monter un hôpital de campagne à Mulhouse susceptible de recevoir trente patients, alors que la Chine a construit du 23 janvier 2020 au 2 février 2020 le « Huoshenshan Hospital » de 1 300 lits. Sommes-nous incapables de faire cela ?

Plus de trois mois après le début de cette épidémie, alors que l'OMS a déclaré la pandémie, notre gouvernement se rend compte qu'il y a un problème de disponibilité de masque !

La vie ressemble à un oignon. Nous le pelons de jour en jour, et souvent nous pleurons la nuit de voir notre belle planète bleue mourir ainsi.

4.

...Et si la notion même de vérité était en train de disparaître de notre monde...

En France, le ministère de la Santé annonce 562 personnes décédées de la Covid-19. En 24 heures, 112 nouveaux décès sont comptabilisés. Les autorités confirment 1 525 individus actuellement pris en charge dans les services de réanimation. Au total, 6 172 patients sont hospitalisés à ce jour.

Jusqu'ici tout va bien...

Le samedi 21 mars 2020, l'Assemblée nationale vote dans la soirée, un projet de loi, face à la Covid-19, permettant l'instauration d'un « état d'urgence sanitaire ». Cet article prévoit également un alourdissement des sanctions en cas de non-respect du confinement:

Une amende de 135 euros en cas de manquement aux règles,
En cas de récidive dans les 15 jours 1500 euros, et dans le cas de quatre violations dans les trente jours, un délit puni de 3 700 euros et six mois de prison au maximum ». Les premiers pas vers une loi martiale ?

Jusqu'ici tout va bien...

La pandémie poursuit sa macabre avancée. L'Italie enregistre un record de décès liés à la Covid-19, avec 793 morts, selon la protection civile. En France, les autorités annoncent 6 557 cas positifs en 24 heures seulement, un autre exploit inquiétant.

Jusqu'ici tout va bien...

Parmi les bonnes nouvelles, il faut noter celle d'Auchan qui va verser une prime de 1 000 euros aux 65 000 salariés qui ont démontré une mobilisation exceptionnelle en continuant de se rendre physiquement au travail.

Jusqu'ici tout va bien...

****

Les applaudissements se font entendre aux fenêtres pour saluer le travail exceptionnel du personnel médical, des pompiers et des ambulanciers qui donnent leur temps jour et nuit pour sauver des vies au risque de parfois perdre la leur. La solidarité s'organise face aux signaux de détresse envoyés par les soignants en première ligne dans la gestion de la Covid-19. Entreprises, institutions publiques, particuliers, à chacun son geste du cœur.

—Tu as encore veillé tard ! Tu vas finir par devenir aveugle à passer tes jours et tes nuits sur ton ordinateur et ton « bigophone ».

— Non, non – Je suis allé au lit immédiatement après toi, mais tu devais dormir. Et ce n'est pas un « bigophone », mais un iPhone.

—Tu es bien le fils de ton père, tu veux toujours avoir raison. Lui se levait tôt pour lire et comme toi il me disait qu'il venait juste de mettre un pied hors du lit pour préparer le petit déjeuner.

— Tout est prêt sur la table, et mon bisou du matin ?

Arnaud utilise ce stratagème en serrant très fort sa mère dans ses bras. C'est le seul moyen qu'il ait trouvé pour savoir si elle a de la fièvre. Jusqu'ici tout va bien, mais la période des 14 jours n'est pas suffisante.

— Arnaud, que fais-tu encore avec ton « bigophone » à table ?

Elle s'effondre en larmes.

Tous deux s'enlacent.

Quand la personne que vous aimez s'éteint et que vous ne vous y attendiez pas, vous commencez par la perdre une première fois, puis vous la perdez par petits morceaux.

Un jour, vous voulez lui demander conseil, mais plus personne ne répond. Vous vous sentez alors amputé et le chagrin vous submerge.

Arnaud a commencé à perdre son père à l'instant où il l'a vu allongé sur son lit à l'hôpital un masque sur le visage.

Une note écrite à l'encre mauve est aimantée sur le réfrigérateur. C'est son prénom, Arnaud suivi de son numéro de téléphone. Sacré papa, il ne l'a jamais enlevé pour toujours s'en souvenir. Il y a quelque chose de joyeux dans la calligraphie, quelque chose de fleuri. Un petit sourire aux lèvres apaise sa nostalgie.

Mais en attendant qu'il revienne, il est dans mon ordinateur et je vais aller le retrouver se dit Arnaud après avoir une nouvelle fois embrassé sa mère histoire de prendre sa température.

****

—Hello Pap, pas de cyber attaque des hôpitaux cette nuit, les enfoirés de hackers profitent toujours des crises pour ajouter du malheur au malheur.

—La routine fils, la routine. C'est quoi ton programme aujourd'hui ?

—Ben, je croyais que c'était le professeur qui l'établissait.

—Je te rappelle les règles, c'est à toi de trouver. Je t'aide juste en orientant tes investigations.

C'est à toi de découvrir les réponses.

—C'est tout ? Au fait « Wuhan, China » est chiffré 38.

—J'entends ce nom en permanence à la télévision. C'est quoi ce nombre ?

—Quel nombre fils ?

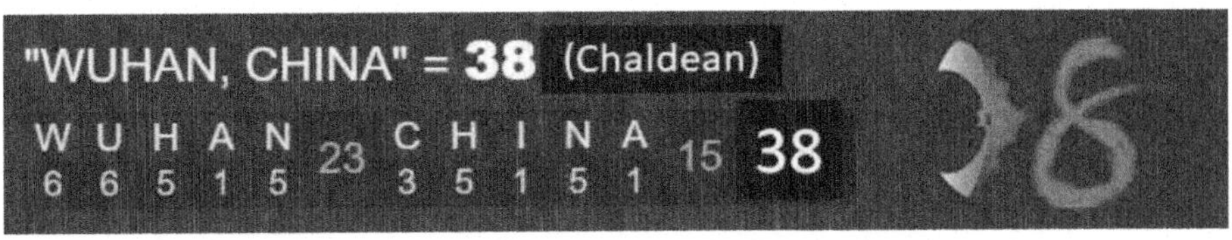

—OK je vois ! Il paraît qu'Agnès Buzyn en perdant son ministère pour la campagne des municipales à Paris a prévenu le gouvernement du tsunami qui arrivait sur la France.

Je la cite : *lorsque j'ai quitté le ministère, je pleurais parce que je savais que la vague était devant nous.*

—Elle en a donc informé le Président. Force est de constater qu'un homme averti n'en vaut pas 2, mais ... 3. 14116, parce que le coronavirus en France c'est de « mâle en pi » !

—Pap ! J'adore tes citations à deux sous !

—La question est comment savait-elle ? Cherche !

—Ben, elle était ministre de la Santé !

—Cherche !

Après quelques navigations sur la toile Arnaud découvre que...

—C'est sans doute une coïncidence, mais le labo P4 était associé à l'INSERM, alors présidé par Y.Levy, le mari d'Agnès Buzyn.

—Exact fils ! Mais tu te répètes !

—Alors c'est la faute du pangolin Pap !

—Les climato-crédules croient que le battement d'ailes d'un papillon au Brésil déclenche une tornade au Texas, ils appellent cela l'effet papillon. Un chinois qui bouffe un pangolin à Wuhan crée une pénurie de papier toilette dans les magasins : c'est l'effet pangolin!

« Ils sont vraiment bizarres les humains : il suffit qu'un Chinois essaie de me bouffer, moi pangolin, pour qu'à l'autre bout de la planète on se rue sur les stocks de pâtes.

J'ai complètement détraqué votre économie : votre croissance chute, vos bourses s'écroulent, la mondialisation est au tapis, vous devrez tout relocaliser. Je touche tout le monde sans distinction de couleur de peau ou de statut social. J'ai réussi à infecter jusqu'aux gouvernements !

A priori le coronavirus, ce n'est pas un virus de gauche.

Même votre ministre de la Culture l'a chopé ! Il doit rester confiné. Notez, il vaut mieux que le ministre de la Culture se retrouve à l'Intérieur, plutôt que le ministre de l'Intérieur se retrouve à la culture...Ahaha... c'est de l'humour pangolin !

J'ai presque autant détraqué votre écosystème que vous les humains vous avez déglingué le nôtre.

Pendant que vous vous lavez les mains au moins vous n'êtes pas en train de brûler du charbon ou de rouler au diesel...

Maintenant je suis la fierté du règne animal. Quand je débarque dans la forêt, je filoute des écailles... Toutes les autres bêtes sont là.

Regardez, c'est le pangolin ! C'est lui qui fait la misère aux humains.

On publie sur moi dans le New York Times, Le Monde, et d'autres. C'est la gloire !

Mais attention, certains disent que le virus vient d'une chauve-souris et je tiens à rectifier ça ! Pas question de nous faire voler la vedette, elles, elles ont déjà Batman et nous, on n'a rien.

Aucun super héros, aucun personnage de Disney, pas même une ligne dans une Fable de La Fontaine. »

—Cherche fils, tu n'as pas de temps à perdre en t'amusant.

—Le temps est la seule chose que l'on ne puisse pas perdre.

Toutes les phrases qui utilisent le temps aboutissent à un aphorisme. En un mot à une connerie ! Si je me souviens bien de mes cours de français, c'est Marcel Proust qui est parti à sa recherche, mais il ne l'a jamais trouvé.

Il devait être bien caché ou courir trop vite pour lui. Je peux perdre mon « bigophone » comme dit maman, mon portefeuille, une petite amie, que je n'ai pas encore trouvée, mais le temps, non. Il est toujours là avec moi, il n'y a aucun risque que je le perde. Inutile de le ranger dans un coffre-fort à la banque, personne ne viendra me le voler. Je ne perds pas mon temps, je suis avec toi Pap.

—Cherche !

—Mais où Pap ?

—Il me semble t'avoir mis sur la voie avec WUHAN, CHINA.

—Oui, une voie de garage.

—Connais-tu la capitale de la Chine ?

—Ben oui Pékin !

—Bravo fils, Pékin ou BEIJING qui est chiffré 38 en majuscule ou minuscule.

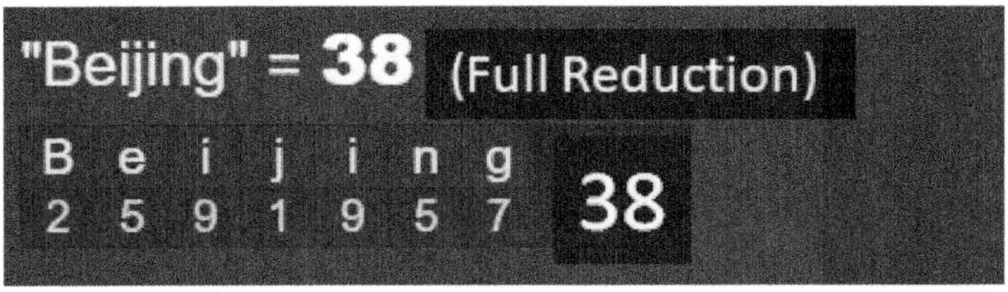

—Mais c'est quoi, ces calculs. Tu associes des chiffres à des lettres ? On dirait un code.

—Poursuivons fils. Connais-tu le nom de la devise chinoise ?

—Trop facile, c'est le *Yuan*.

—Ce n'est pas exactement ça. Le Yuan est l'unité monétaire. La devise chinoise ayant cours en Chine est le RENMINBI terme signifiant littéralement « la monnaie du peuple ». Ce terme est chiffré 38.

—Waouh ! Encore ce nombre ?

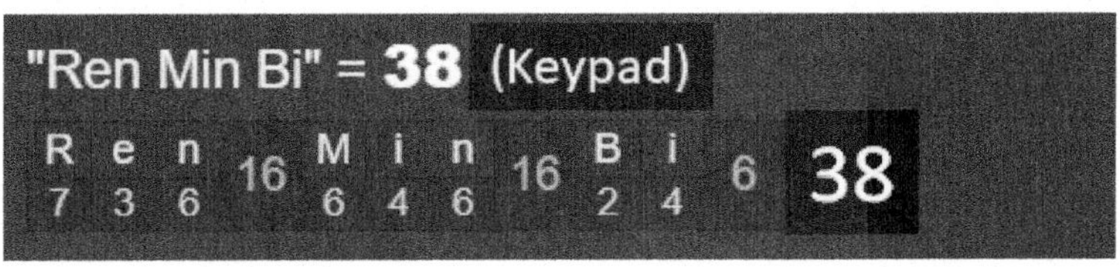

—On continue ? Peux-tu me citer un animal sacré en chine ?

—Le dragon, le dragon chinois.

—Effectivement le dragon, nommé SEIRYU est un animal sacré… chiffré 38.

—38 est un code chinois, j'en suis sûr, Pap.

—Le dragon est un animal sacré en chine, mais ce n'est pas le plus important. Le prédominant est le tigre. Présent dans l'horoscope chinois, cet animal est l'un des quatre puissants dieux célestes de ce pays, avec la tortue, le dragon et le phénix. Son nom est BYAKKO. Il est le gardien des enseignements de l'humanité, le roi de tous les animaux et le seigneur des montagnes.

—Tu ne vas pas me dire qu'il est chiffré 38 ?

—Regarde, fils.

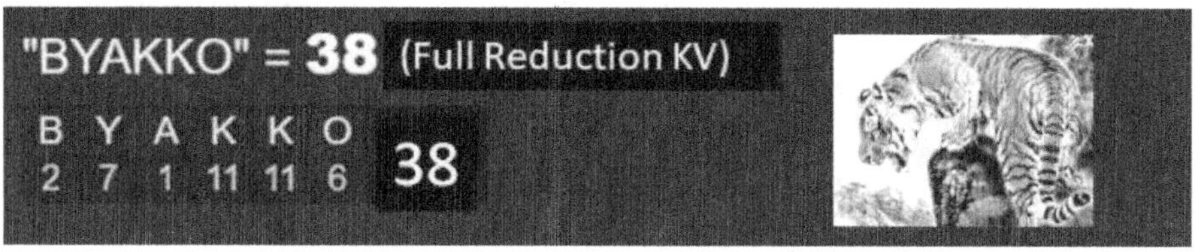

— 38 est un code, le code de la Chine ?

— Je dirai plus que le 3 et le 8 sont des codes.

—Lorsque tu penses aux États-Unis qu'est ce qui te vient à l'esprit ? fils ?

—Euh, STATUE DE LA LIBERTÉ.

—C'est un bon début fils, mais encore ?

— MICHAEL JACKSON.

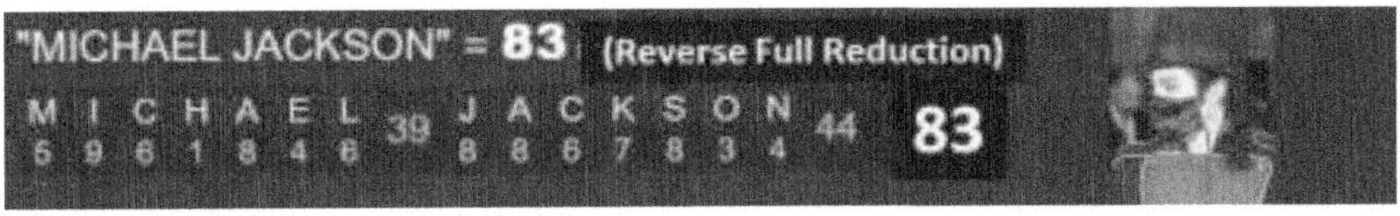

—Je vois le genre. Tu aurais pu me dire MARTIN LUTHER KING ou encore GEORGE WASHINGTON, le 1er président des États-Unis , tous deux chiffrés 83.

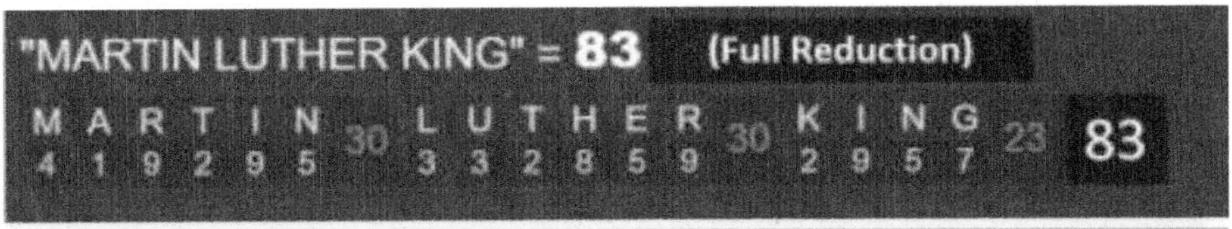

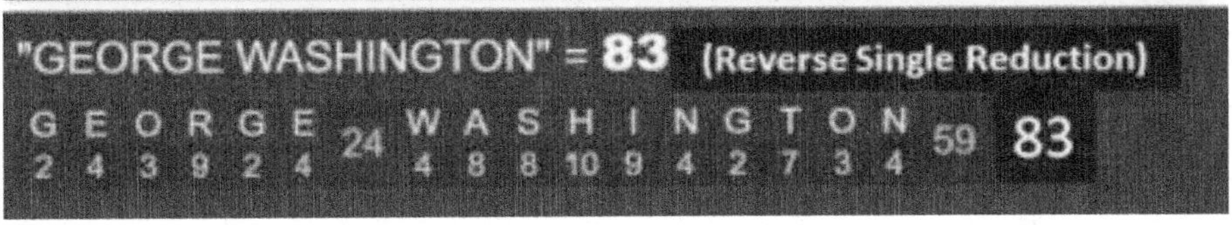

—Pap, Michael Jackson portait souvent masque. Tu es en train de dire que les States sont codés 83 ?

—Moi, je n'ai rien dit, fils.

****

Arnaud quitte sa chambre après avoir ouvert la fenêtre pour laisser pénétrer la fraîcheur de l'air, puis retourne dans la salle à manger où sa mère regarde la télévision.

—Tu as téléphoné à l'hôpital ?

Ne sachant quoi répondre, Arnaud coupe court à la conversation.

—Papa va très bien, Mam.

—Que Dieu soit béni.

—Pour fêter ça, c'est moi qui cuisine ce soir. Le frigo est plein pour tenir au moins deux semaines de confinement. Je vais te faire ma spécialité.

—La dernière fois que tu nous as concocté un plat, tu devais avoir dix ans et la cuisine s'en souvient encore. Il y en avait partout !

—Ce sera des pâtes à la carbonara sans carbonara et comme boisson un verre de rhum avec un peu de jus d'orange.

—Mais tu es devenu fou, tu sais bien que je ne bois jamais d'alcool.

—Moi non plus, mais papa aimait le week-end prendre un verre de rhum. Il disait que ça lui rappelait vos périples dans les îles.

—Première nouvelle !

—Et bien c'est le moment d'y faire un tour avec un ti verre de punch arrangé à ma façon. Papa a raison. « Pour voyager, buvez, mais avec modération ! ».

Ainsi on pourra chanter ce soir sur le balcon. Pour exprimer sa solidarité, apporter du réconfort ou bien tout simplement pour rompre l'ennui, les Français sont invités à sortir chaque soir à leur fenêtre ou sur leur loggia, le temps d'une chanson.

« Everytime we touch », une référence doucement ironique à la consigne imposée de la distanciation physique d'un mètre.

—Et tu crois que j'ai le cœur à chanter ?

—Mam, papa va mieux.

—Tu pourras aller sur le balcon toi, laisse-moi alors lui parler.

—OK, à condition que tu arrêtes de braquer tes yeux sur des émissions sur le coronavirus.

Je t'ai pris un abonnement sur Netflix, choisis une série ou regarde des films sur Arte. Il y a de beaux reportages. Terminée la Covid-19.

—Tu crois que ça finira un jour ?

—L'homme a toujours gagné face au mal.

—Alors pourquoi il y a-t-il encore le sida ?

—Et si on allait faire un tour dans les îles en attendant le ti rhum ?

Arnaud prend sa mère par la taille et l'entraîne dans une danse improvisée en lui chantant :

Ba moin en ti bo…

Après avoir dégusté des pâtes au beurre en guise de carbonara, elle s'installe dans le canapé devant le film choisi par Arnaud « Les Tuche ». Imaginez : Jeff Tuche élu président de la République.

Au programme ? Une naïveté à toute épreuve et un sens des responsabilités particulièrement bancal.

De quoi promettre quelques situations mémorables et des quiproquos délirants comme on les aime.

Rien de tel pour oublier les soucis de la vie qu'une bonne comédie franchouillarde.

À 20h, il se met au balcon. Les initiateurs Arnaud Charvet et Mazen Nasri, n'imaginaient pas comptabiliser 40 000 participants le premier soir du 17 mars 2020 et 2 millions de personnes intéressées par leur événement solidaire et musical.

De 20 heures à 21 heures, à Paris, Marseille, Bordeaux, Toulouse, Lyon, Lille, jusqu'au Danemark, au Québec et au Congo, des dizaines de milliers de DJ's, de musicien(ne)s, de chanteurs et chanteuses anonymes se tiennent sur leur balcon pour remercier les soignants et faire la fête. C'est la nouvelle ère des réseaux sociaux.

Dans toutes mauvaises choses, il en ressort de belles, c'est ainsi que le monde avance.

Ce soir, c'est un karaoké avec les chansons préférées des voisins.

—Alors tu ne chantes pas, Arnaud ?

Surpris d'entendre son prénom il regarde à droite, à gauche.

—Je suis en dessous ! C'est Jade.

Arnaud se penche sur le balcon.

—Ah oui, salut.

Il est troublé par la beauté de la jeune fille à la peau dorée, aux yeux clairs, aux longs cheveux châtains.

Il se rappelle avoir eu une petite aventure avec elle après son baccalauréat avant qu'il ne rejoigne Paris pour ses études d'ingénieur. Il avait 17 ans et elle presque 16 ans.

—J'ai appris pour ton père, je suis désolée.

Arnaud ne sait pas quoi répondre, alors il improvise.

—Merci. Il va mieux. Je vais prochainement aller le voir.

—Cool.

—Euhhh quoi ? Tu ne connais pas les paroles de la chanson, lance-t-elle en éclatant de rire, consciente de l'effet qu'elle vient de provoquer.

—Si si je les connais...

T'inquiète pas, tu vas finir par la connaître par cœur – on la chante tous les soirs. Je dois rentrer maintenant. Peut-être à demain.

— Euhhhh... OK.. Moi aussi je vais rentrer...

****

— Tu parlais à qui, demande sa mère.

— Tu m'as entendu ?

— Une mère voit tout, entend tout, devine tout. C'est cela une maman.

— Il était bien le film Mam ?

— Et toi tu fais semblant de ne pas comprendre. Tu es bien comme ton père.

— C'est cela un fils lui répond-il en l'embrassant tendrement sur le front. Bon je vais faire un peu d'ordinateur et je ne me couche pas tard, c'est promis.

— Promis comme hier soir ?

Tous deux se regardent et se sourient.

****

Arnaud rejoint sa chambre, s'installe à son bureau, comme d'ordinaire place son casque sur les oreilles, et lance sa playlist avant de démarrer son P.C.

— Rien de nouveau Pap ?

— Non et toi ? Tu as l'air bien gai ce soir...

— Suis comme d'habitude.

— Pourquoi tu dis ça ?

— Comme ça – juste histoire de parler. Bon tu as cherché du côté des masques ?

— Elle tourne au gag cette histoire de masque. Malgré les affirmations du nouveau ministre de la Santé indiquant qu'un stock de 15 millions de masques était disponible, aucun n'est arrivé dans les cabinets libéraux à la date du 28 février 2020 – pas même dans l'Oise où l'épidémie fait des ravages.

On a pleuré pendant quarante-huit heures auprès de l'ARS (Agence Régionale de Santé) *pour en recevoir* a expliqué Xavier Lambertyn, le toubib coordonnant les maisons médicales du département.

On a dû menacer de fermer tous les cabinets pour qu'un employé de la préfecture finisse par les livrer. Face à la pénurie, la fauche a commencé... dans les hôpitaux ! À celui de Bichat, quatre cartons de 2 000 masques FFP2 et chirurgicaux ont été volés, a confirmé la direction de l'APHP.

Et au moins trois autres établissements parisiens ont subi des vols. Mêmes cambriolages au CHU de Nice, où le chef du service de pneumologie a poussé une soufflante : « *Il n'y a aucun masque au bloc opératoire* », car des visiteurs les barbotent dans les penderies situées devant les chambres d'isolement de patients.

Pour les revendre sous le manteau.

La vie ressemble à un oignon. Nous le pelons de jour en jour, et parfois, nous nous cachons pour ne pas pleurer devant nos patients.

5

...Deux tigres sur la même colline...

Deng Xiaoping

Arnaud n'a pas dormi durant sa courte nuit, intrigué par ce 38. Fatigué de réfléchir, il finit par fermer les paupières largement après deux heures du matin.

Jusque là tout va bien...

Pas le temps de prendre une douche, se dit-il. Juste un grand café noir serré et un jus d'orange puis direction l'ordinateur qu'il a oublié d'éteindre.

Sur l'écran, un immense 38 de couleur rouge, qui dans un spectaculaire fondu-enchaîné s'estompe en laissant apparaître un 83 de couleur bleue.

—Pap t'es là ? Papppp

—Inutile de crier fils.

—Bon on commence ?

—A qui sait attendre, le temps ouvre ses portes, comme disent les Chinois.

—Je me demande si c'est vrai que la Chine est chiffrée 38 ?

—Confucius, ça te dit quelque chose ?

—Ben oui ! C'est un poète chinois.

—Pas un poète, un philosophe chinois qui a donné naissance à la doctrine politique et sociale de ce pays.

—Et alors ?

—Alors ? Confucius est chiffré 38.

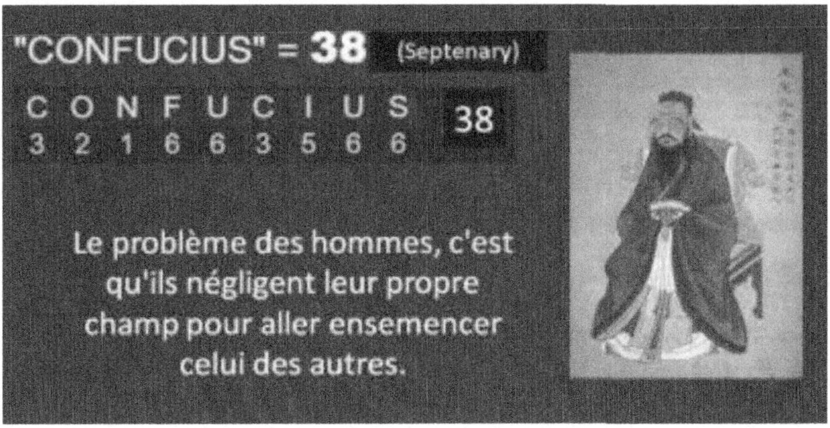

—Et Jackie Chan, il est vraiment chinois ?

—Après un chanteur populaire, un expert en arts martiaux ! Quelle culture fils ! Et pour ta gouverne il est bien chinois.

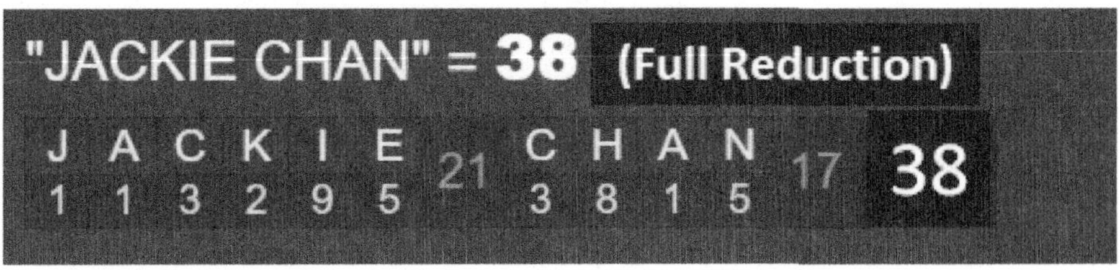

—Afin de lever tes doutes, sache que RÉPUBLIQUE POPULAIRE DE CHINE est chiffrée 38.

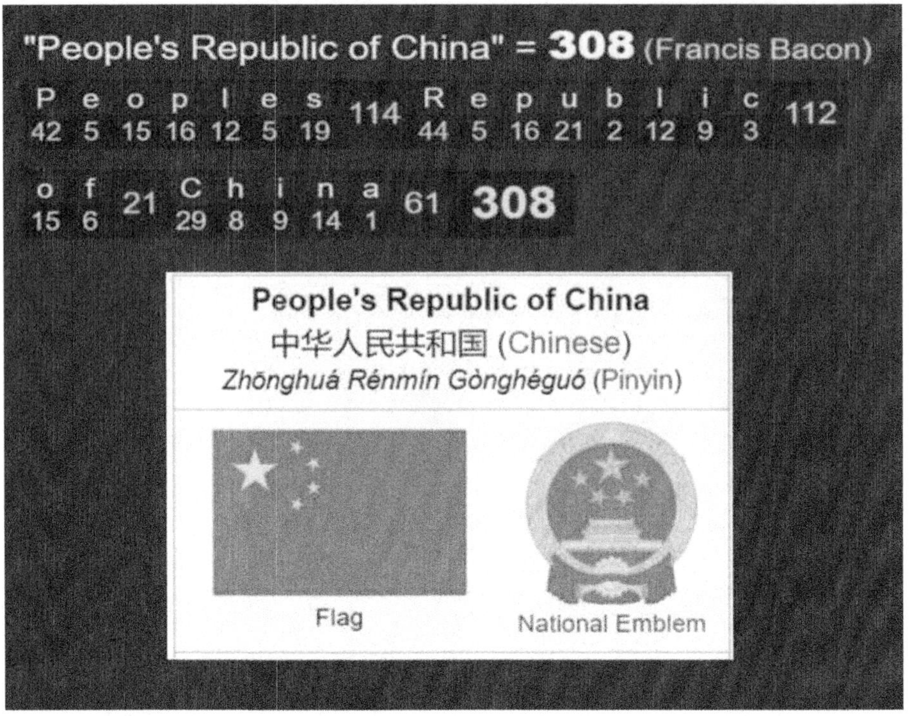

—Tu t'es trompé Pap, c'est 308 et non 38.

—Dans cette méthode de chiffrement, le 0 ne compte pas : 038, 308, 380 sont équivalent à 38. Pourquoi crois-tu que Airbus a appelé son gros porteur A380, en sautant les identifications A360, A370 ?

—Pour faire plaisir à la Chine ?

—Exact fils, en espérant qu'elle en achète un max.

—C'est drôle Pap, USA est chiffré 803, donc 83, ce qui donne 38 à l'envers ?

—Bien vu fils. Cherche sur Wikipedia ce qu'est la route de la soie.

—La route de la soie est un réseau ancien de routes commerciales entre l'Asie et l'Europe, reliant la ville de Chang'an (actuelle Xi'an) en Chine à la ville d'Antioche, en Syrie médiévale (aujourd'hui en Turquie). Elle tire son nom de la plus précieuse marchandise qui y transitait : la soie.

—C’est tout ?

—Le 14 mai 2017, la Chine ouvre un sommet consacré au projet de nouvelle route de la soie.

—Exact fils. Ce projet chinois de NOUVELLE ROUTE DE LA SOIE, chiffré 38, donne des boutons aux Américains, car cela signifie des milliards de dollars de business perdus avec l’Europe.

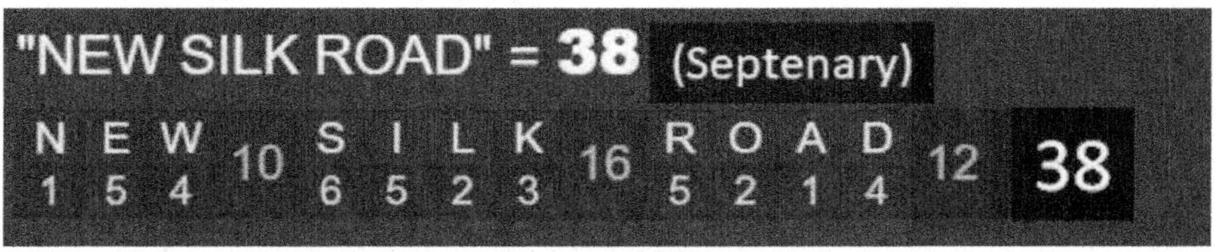

—En juin 2017, le président Xi Jinping inaugure la plus grande base militaire chinoise à l'étranger à Djibouti. Cette première base devrait permettre à la Chine d'augmenter sa capacité de projection dans la région et dans le monde. Avec près de 10 000 soldats, les exercices de l’armée populaire sont impressionnants, notamment avec ses blindés de types 095 et 90-II, les plus modernes jamais utilisés en Afrique.

— « DJIBOUTI » dans la nasse chinoise Pap ?

—Bonne question fils, sachant que DJIBOUTI est chiffré 38.

—Je crois que je vais apprendre le chinois au lieu de l'anglais.

—Tu n'en auras pas le temps, mon fils.

—Suis jeune Pap, j'ai tout le temps devant moi.

—Bon et si on continuait ? Les États-Unis le savent, la Chine veut investir 1 400 milliards de dollars d'ici à 2025 dans le développement des nouvelles technologies.

—Pap, les Américains sont les plus forts. Ce sont eux qui ont inventé mon Iphone.

—Ils étaient les plus forts, fils. L'ordinateur chinois TaihuLight, chiffré 38, est le plus puissant au monde selon le 47e classement du TOP500.

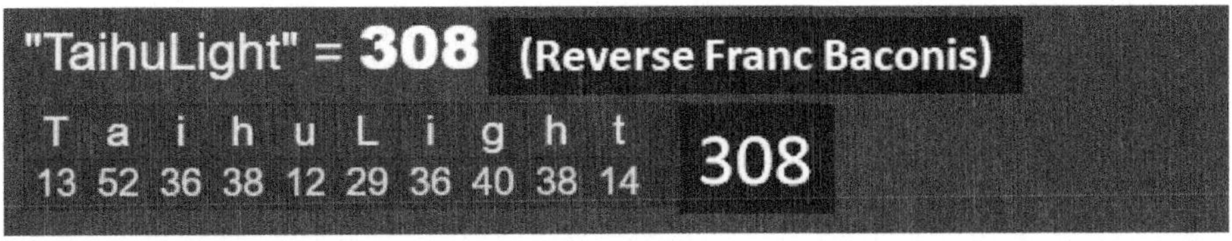

Il est équipé de puces chinoises SHENWEI, chiffré 38.

En 2001, le TOP500 ne comptait aucun ordinateur d'origine chinoise. Désormais, la Chine détient 167 places dans ce classement et dépasse ainsi les Américains, qui en comptent 165. Le classement TOP500 de juin 2017 indique que les deux premières places sont chinoises.

—2017 est l'année chinoise : la route de la soie, Djibouti, les superordinateurs.

—Bravo fils. CHINA, 2017 est chiffré 38.

—Suis trop fort Pap.

—Si tu le dis fils. Les messages relayés par les médias chinois en 2017 étaient clairs : *vous nous avez connus pauvres, vous allez nous connaître riches, très riches. Vous travaillerez pour nous dans nos usines !* Pour les USA c'était trop, ils ressortirent l'opération VIRUS 38, chiffré 83.

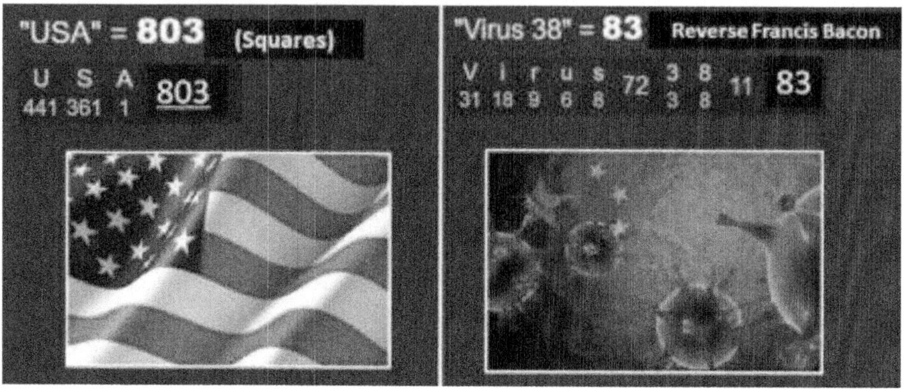

—Tu sais qui a fait ça ?

—Je n'entends rien.

—Pap, dis-moi. Pappp…

6.

... Il y a eu une manipulation au sujet de ce virus.
Ce n'est pas naturel. C'est un travail de professionnel,
un travail de biologiste moléculaire...

https://www.youtube.com/watch?v=bldkWmISRMY&feature=emb_title

Docteur Luc Montagnier, Prix Nobel de Médecine

Le Royaume-Uni instaure à son tour un confinement. Le Premier ministre britannique, Boris Johnson, a déclaré que les rassemblements de plus de deux personnes étaient désormais interdits.

Jusqu'ici tout va bien...

En Italie, le nombre de décès suite à la Covid-19 repart à la hausse. Après deux jours consécutifs de baisse, le pays vit une nouvelle journée noire, avec 743 enregistrés ces 24 dernières heures.

Jusqu'ici tout va bien...

En France, le seuil des 1 000 morts a été franchi. L'état d'urgence sanitaire a été publié au Journal officiel. Le Premier ministre a fait savoir que les règles de confinement sont renforcées et pourront encore durer « quelques semaines ».

Jusqu'ici tout va bien...

Plus de 200 000 cas ont été officiellement diagnostiqués en Europe, dont plus de la moitié en Italie (63 927) et en Espagne (39 673), selon un comptage réalisé par l'AFP.

Jusqu'ici tout va bien…

Aux États-Unis, les autorités de New York, épicentre américain de l'épidémie de coronavirus ont appelé Donald Trump à déclarer un confinement coercitif national tandis que celui-ci assurait à contre-pied un retour aux affaires « très bientôt » !

Jusqu'ici tout va bien…

L'Inde décrète le confinement total de ses 1,3 milliard d'habitants pendant trois semaines.

Jusqu'ici tout va bien…

Plus de 2,6 milliards d'âmes sont désormais confinées à travers le monde avec un bilan de près de 17 000 morts .

Les économies sont au bord de l'asphyxie.

Fait historique, l'Union européenne suspend le Pacte de Stabilité et de Croissance : les règles budgétaires sont passées à la trappe.

Jusqu'ici tout va bien…

****

Comme chaque jour Arnaud se lève tôt pour préparer le petit déjeuner de sa mère et prêter attention aux dernières nouvelles des médias. Depuis le début, vous nous baratinez !

Un jour le virus ne se déplace pas dans l'air et le lendemain il s'installe sur l'asphalte. « Honte à vous, bande de beaux parleurs ! » s'écrie-t-il en écoutant les politiques, et autres experts en médecine et en « goudron » s'exprimer sur la Covid-19.

—Bonjour, Mam, bien dormi ?

—Bonjour mon fils, mieux qu'hier. Avec qui parlais-tu ?

—À la télé, mais elle n'a pas répondu. Et pourtant, il faudra bien que tout ce petit monde de savants en tous genres rende des comptes un jour.

—Calme-toi, la nature est ainsi ;

—Alors, il est temps que nous les jeunes nous le changions ;

—Je crois entendre ton père. Mon Dieu comme vous vous ressemblez. Il me parlait toujours des francs-maçons et autres Illuminati qui contrôlaient tout ;

—Ah ouais ! Je lui demanderai qu'il m'explique ;

Sa mère sourit, s'approche de lui et l'embrasse ;

—Mam, je ne vais pas attendre que le frigo se vide, je vais aller faire quelques courses.

****

Confinement oblige, après avoir fait la queue pendant une bonne heure, Arnaud a pu faire des provisions avant de rejoindre l'ordinateur, son père…

—Salut fils, bien dormi ?

—Si j'ai bien dormi avec les horreurs que tu m'as racontées sur le 38 et le 83 ? Des milliers de morts et peut-être des millions et le fossé qui se creuse encore plus entre les riches et les pauvres.

—C'est toute l'histoire de l'humanité. Alors veux-tu savoir ou pas ?

—Je voudrais savoir qui a fait ça. Je voudrais savoir pourquoi tu utilises l'anglais pour chiffrer. Je voudrais savoir si tu peux prévoir l'avenir ? je voudrais....

—Du calme fils. Une chose à la fois. Sais-tu que la géopolitique américaine tient en quatre mots selon un haut responsable de la CIA ; *Pas d'amis, seulement des cibles*, chiffré 83 ?

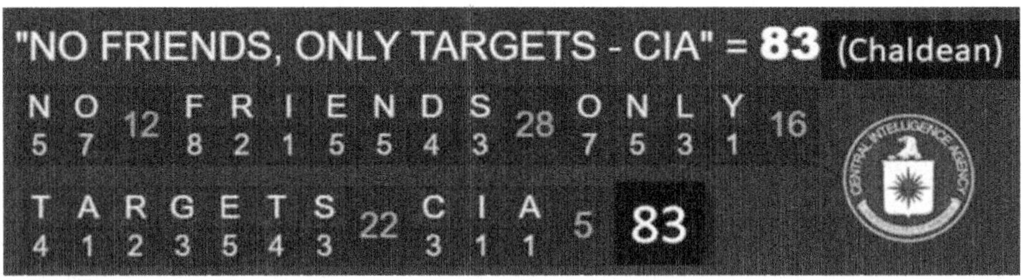

—Et la cible prioritaire pour la CIA, s'appelle la CHINE. C'est ça Pap ?

—En février 2009, des analystes de la CIA rédigèrent un compte-rendu pour détailler les principales menaces qui pèsent sur l'humanité. Leurs conclusions ont été publiées en version française dans un livre intitulé « Le nouveau rapport de la CIA : comment sera le monde en 2025 ».

—Waouh ! Trop forte la CIA.

—On peut dire ça fils. Dans ce livre il est noté *Le déclenchement possible d'une pandémie mondiale, si celle-ci se déclare, ce sera sans doute dans une zone à forte densité de population, de grande proximité entre humains et animaux, comme il en existe en Chine et dans le Sud-Est asiatique* »

—Je ne le crois pas, la CIA avait tout prévu, même la cible :

—La cible porte un nom fils, WUHAN P4, chiffré 38.

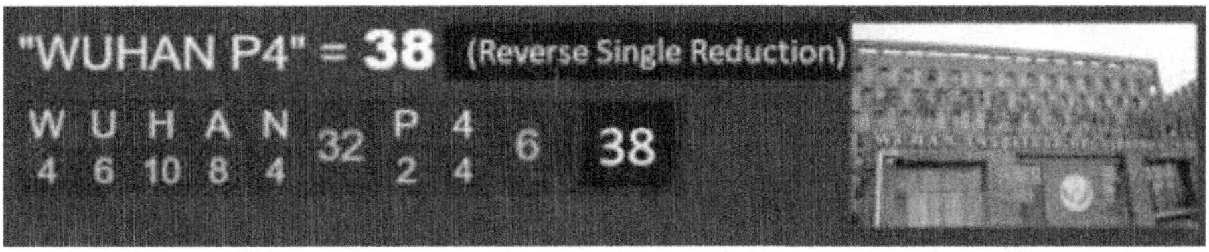

—C'est quoi P4, Pap ?

—Cherche !

—J'ai trouvé ! D'après Wikipedia, la classification P4 d'un laboratoire épidémiologique de haute sécurité P4 (pour « pathogène de classe 4 ») est consacrée à l'étude de certains virus particulièrement dangereux.

Le groupe 4 comprend les agents biologiques qui provoquent des maladies graves chez l'homme et constituent une sérieuse menace.

Les P4 dédiés à la santé humaine font l'objet de mesures pour protéger l'environnement – c'est-à-dire pour éviter que le germe pathogène manipulé puisse se retrouver à l'extérieur. Cependant, lorsqu'un virus est créé, il doit absolument y avoir un antidote avant qu'il ne soit dévoilé au public. S'il n'existe pas, le virus doit être détruit.

—Tu en as mis du temps fils !

—Ah ouais ! Sans doute que mon PC n'est pas assez rapide. J'ai aussi découvert que le Laboratoire P4 qui a été livré à la Chine par la France en 2017 a été inauguré par le Premier ministre français de l'époque, Bernard Cazeneuve, en compagnie de Madame Marisol TOURAINE (ministre des Affaires sociales et de la Santé), Monsieur Mathias FECKL (Secrétaire d'État au commerce extérieur), Monsieur Yves LEVY (PDG de l'INSERM, président de l'alliance nationale pour les sciences de la vie et de la santé, et époux de Madame Agnès Buzin ainsi que par Monsieur Hervé RAOUL (directeur du laboratoire P4 Jean Mérieux-Inserm de Lyon). L'oligarchie sait toujours prendre soin d'elle.

—Correct fils ! Continue.

—Plusieurs journalistes ont contacté l'institut virologique de Wuhan : porte close! Le seul responsable français bossant sur le site, le microbiologiste René Courcol, a indiqué être dans l'impossibilité de répondre aux questions en raison de son devoir de réserve. L'OMS explique pour sa part ne pas pouvoir commenter de telles théories, mais la Direction générale de la Santé (DGS) précise « qu'aucun élément ne permet d'accréditer les allégations liant la crise sanitaire en cours à l'existence à Wuhan d'un laboratoire P4 ».

—Exact fils ! C'est tout ?

—Ah ouais Pap, tu le prends comme ça ! Bon alors, quelques infos que même toi tu ignores.

Le P4 actuel de Wuhan est divisé en trois sous-unités, deux pour la culture cellulaire et la troisième pour l'expérimentation animale. Hermétiques, ces unités filmées en permanence sont dépressurisées pour empêcher toute diffusion des virus vers l'extérieur. De plus, les souches sont conservées dans de l'azote liquide au sein de cuves verrouillées. Derrière des vitres blindées, les chercheurs oeuvrent, équipés d'un scaphandre climatisé sur mesure, maintenu en surpression pour les protéger de toute contamination, et alimenté en air pur par un tuyau jaune relié au plafond. Pour entrer ou sortir du laboratoire, ils doivent traverser un sas de décontamination.

La chauve-souris est leur animal de prédilection pour les tests, et en plus, ils les mangent.

—C'est pas mal fils. À ton avis que s'est-il passé à WUHAN ?

—Facile, tu m'as dit que l'opération s'appelle VIRUS 38 chiffré 83, cela signifie que les Américains ont du introduire la Covid-19 à Wuhan, puis faire croire au monde entier que le virus s'était échappé du laboratoire suite à une erreur humaine.

—Pas mal fils, pas mal, surtout que « Covid-19 » est chiffré 38.

—Pas mal Pap, pas mal.

— Merci fils. Mais on est loin d'avoir décrypté l'opération VIRUS 38. D'où provient la Covid-19 introduite à Wuhan ? Comment cette bête immonde s'est-elle retrouvée dans ce laboratoire ?

—Moi je voudrais bien savoir comment tu fais pour chiffrer ?

—Tu n'es pas prêt fils ! En attendant, cherche s'il n'y aurait pas de laboratoire comme celui de Wuhan aux USA ?

—J'ai quelque chose Pap.

—Tu en a mis du temps !

—En août 2019, le « Centers for Disease Control and Prevention (CDC) » des États-Unis a ordonné la fermeture temporaire d'un centre de recherche à Fort Detrick dans le Maryland en raison de problèmes de sécurité. Le laboratoire traite des toxines ainsi que certains agents pathogènes parmi les plus dangereux au monde. La décision est intervenue après qu'une inspection en juin 2019 ait révélé que le labo n'avait pas réussi à faire fonctionner suffisamment de systèmes qui devaient décontaminer les eaux usées de l'installation.

Le CDC a suspendu tous les projets de l'Institut de recherche médicale de l'armée américaine sur les maladies infectieuses (USAMRIID).

—Intéressant. Continue.

—Et qui est le directeur du « Centers for Disease Control and Prevention (CDC) » ?

—Je parie que tu vas me le dire ?

—Robert Redfield, celui qui a reconnu le 12 mars 2020 devant la Chambre des représentants qu'en raison d'un nombre insuffisant de tests de dépistage, certaines personnes décédées de la Covid-19 n'ont pu être identifiées comme telles.

—Continue fils.

—Le 5 août 2019, le New York Times publie qu'une unité de recherche sur les germes mortels est fermée dans un laboratoire de l'armée en raison d'incidents de sécurité. Des problèmes de traitements de substances dangereuses ont conduit le gouvernement à suspendre les études dans le principal centre de défense bactériologique militaire.

The New York Times

Deadly Germ Research Is Shut Down at Army Lab Over Safety Concerns

Problems with disposal of dangerous materials led the government to suspend research at the military's leading biodefense center.

—Intéressant fils. Et si je te disais que « CORONAVIRUS » et « USAMRIID – COVID-19 » (USAMRIID = Institut de recherche médical de l'armée américaine sur les maladies infectieuses) sont chiffré 83 ?

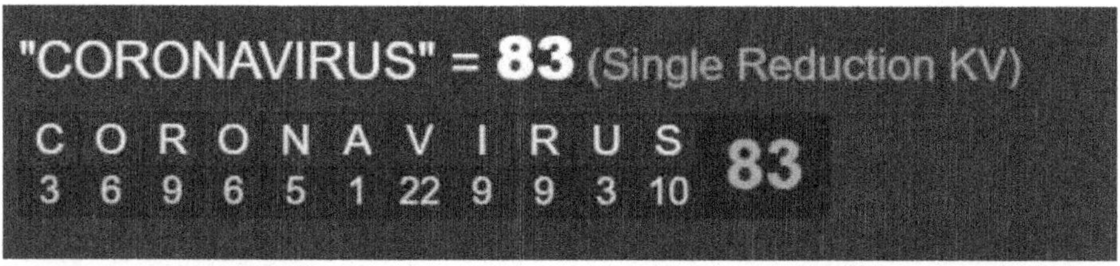

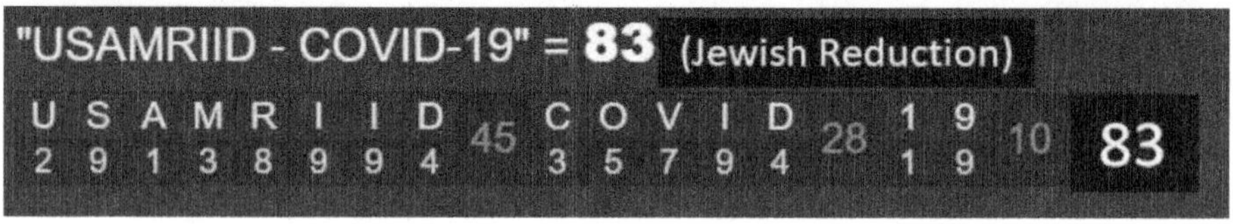

—Pap, tu es en train de dire que le virus provient d'un institut de recherche américaine ?

—Comment ça « UN » ?

—Waouh, il y a d'autres laboratoires ?

—Dès 2002, l'université de Caroline du Nord à Chapel Hill

effectuait des recherches sur le Coronavirus, et pas n'importe quelles recherches. Celles-ci consistaient à concevoir « Des méthodes pour produire des combinaisons de coronavirus ».

(12) INTERNATIONAL APPLICATION PUBLISHED UNDER THE PATENT COOPERATION TREATY (PCT)

(19) World Intellectual Property Organization
International Bureau

(43) International Publication Date
31 October 2002 (31.10.2002)

PCT

(10) International Publication Number
WO 02/086068 A2

(51) International Patent Classification⁷: C12N

(21) International Application Number: PCT/US02/12453

(22) International Filing Date: 19 April 2002 (19.04.2002)

(25) Filing Language: English

(26) Publication Language: English

(30) Priority Data:
60/285,320 20 April 2001 (20.04.2001) US
60/285,318 20 April 2001 (20.04.2001) US

(71) Applicant *(for all designated States except US)*: **THE UNIVERSITY OF NORTH CAROLINA AT CHAPEL HILL** [US/US]; 308 Bynum Hall, Campus Box 4105, Chapel Hill, NC 27599-4105 (US).

(74) Agent: **MYERS BIGEL SIBLEY & SAJOVEC**; PO Box 37428, Raleigh, NC 27627 (US).

(81) Designated States *(national)*: AE, AG, AL, AM, AT, AU, AZ, BA, BB, BG, BR, BY, BZ, CA, CH, CN, CO, CR, CU, CZ, DE, DK, DM, DZ, EC, EE, ES, FI, GB, GD, GE, GH, GM, HR, HU, ID, IL, IN, IS, JP, KE, KG, KP, KR, KZ, LC, LK, LR, LS, LT, LU, LV, MA, MD, MG, MK, MN, MW, MX, MZ, NO, NZ, OM, PH, PL, PT, RO, RU, SD, SE, SG, SI, SK, SL, TJ, TM, TN, TR, TT, TZ, UA, UG, US, UZ, VN, YU, ZA, ZM, ZW.

(84) Designated States *(regional)*: ARIPO patent (GH, GM, KE, LS, MW, MZ, SD, SL, SZ, TZ, UG, ZM, ZW), Eurasian patent (AM, AZ, BY, KG, KZ, MD, RU, TJ, TM), European patent (AT, BE, CH, CY, DE, DK, ES, FI, FR, GB, GR, IE, IT, LU, MC, NL, PT, SE, TR), OAPI patent (BF, BJ, CF, CG, CI, CM, GA, GN, GQ, GW, ML, MR, NE, SN, TD, TG).

WO 02/086068 A2

(54) Title: METHODS FOR PRODUCING RECOMBINANT CORONAVIRUS

(57) Abstract: A helper cell for producing an infectious, replication defective, coronavirus (or more generally nidovirus) particle cell comprises (a) a nidovirus permissive cell; (b) a nidovirus replicon RNA comprising the nidovirus packaging signal and a heterologous RNA sequence, wherein the replicon RNA further lacks a sequence encoding at least one nidovirus structural protein; and (c) at least one separate helper RNA encoding the at least one structural protein absent from the replicon RNA, the helper RNA(s) lacking the nidovirus packaging signal. The combined expression of the replicon RNA and the helper RNA in the nidovirus permissive cell produces an assembled nidovirus particle which comprises the heterologous RNA sequence, is able to infect a cell, and is unable to complete viral replication in the absence of the helper RNA due to the absence of the structural protein coding sequence in the packaged replicon. Compositions for use in making such helper cells, along with viral particles produced from such cells, compositions of such viral particles, and methods of making and using such viral particles, are also disclosed.

—De quoi ?

—Tu as bien entendu, fils. En 2015, le professeur Ralph Baric, chef du département d'épidémiologie de l'Université de Caroline du Nord à Chapel Hill, a réalisé une chimère du coronavirus de la chauve-souris chinoise et publié un article déclarant que ce virus est très dangereux. Des scientifiques suisses, des professeurs de l'Université de Harvard et le directeur du laboratoire d'agents pathogènes spéciaux de l'Institut de virologie de Wuhan ont tous participé aux travaux.

Published in final edited form as:
Nat Med. 2015 December ; 21(12): 1508–1513. doi:10.1038/nm.3985.

SARS-like cluster of circulating bat coronavirus pose threat for human emergence

Vineet D. Menachery[1], **Boyd L. Yount Jr**[1], **Kari Debbink**[1,2], **Sudhakar Agnihothram**[3], **Lisa E. Gralinski**[1], **Jessica A. Plante**[1], **Rachel L. Graham**[1], **Trevor Scobey**[1], **Xing-Yi Ge**[8], **Eric F. Donaldson**[1], **Scott H. Randell**[4,5], **Antonio Lanzavecchia**[6], **Wayne A. Marasco**[7], **Zheng-Li Shi**[8], and **Ralph S. Baric**[1,2]

[1]Departments of Epidemiology, University of North Carolina at Chapel Hill, Chapel Hill, NC, USA
[2]Microbiology and Immunology, University of North Carolina at Chapel Hill, Chapel Hill, NC, USA
[3]National Center for Toxicological Research, Food and Drug Administration, Jefferson, AR, USA
[4]Department of Cell Biology and Physiology, University of North Carolina at Chapel Hill, Chapel Hill, NC, USA [5]Marsico Lung Institute/Cystic Fibrosis Center, University of North Carolina at Chapel Hill, Chapel Hill, NC, USA [6]Institute for Research in Biomedicine, Bellinzona, Switzerland Institute of Microbiology, ETH Zurich, Zurich, Switzerland [7]Department of Cancer Immunology and AIDS, Dana-Farber Cancer Institute; Department of Medicine, Harvard Medical School, Boston Massachusetts, USA [8]Key Laboratory of Special Pathogens and Biosafety Wuhan Institute of Virology, Chinese Academy of Sciences, Wuhan, China

—Waouh, les Américains et les Chinois de Wuhan travaillaient ensemble sur le coronavirus ?

—Exact fils, un certain docteur Shi Zhengli, virologue, surnommée la « femme chauve-souris ».

—Shi Zhengli est chiffrée 38, le code de la Chine, comme d'ailleurs WUHAN P4, Pap !

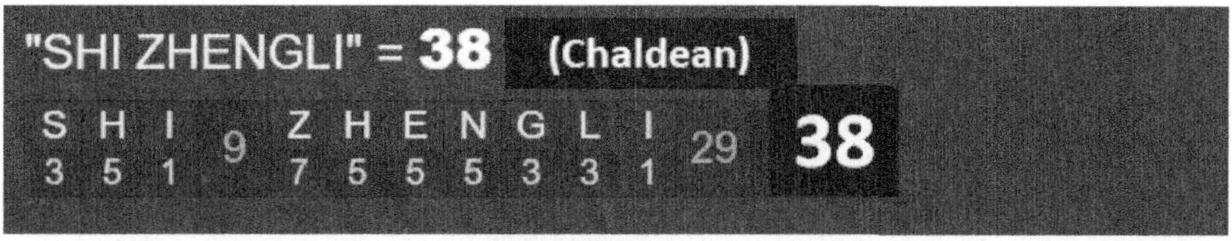

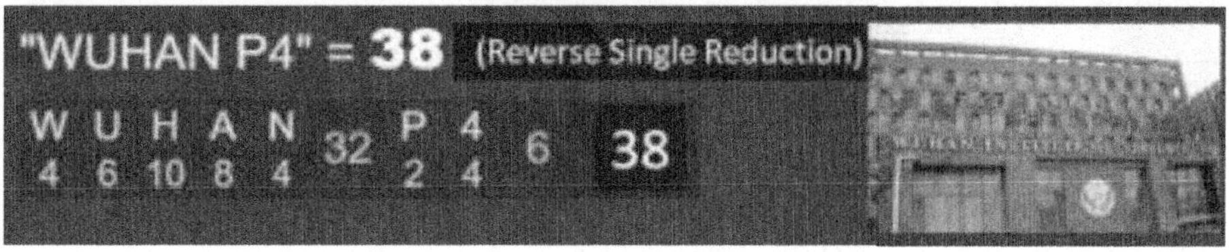

—Normal fils, elle est chinoise, le laboratoire P4 de Wuhan est bien en chine, et..

—... et le code de l'opération VIRUS 38, vient en partie d'elle.

—Pap, SHI ZHENGLI – BAT – COVID-19 et SHI ZHENGLI – BAT – CIA » sont codés 83, le code des USA ?

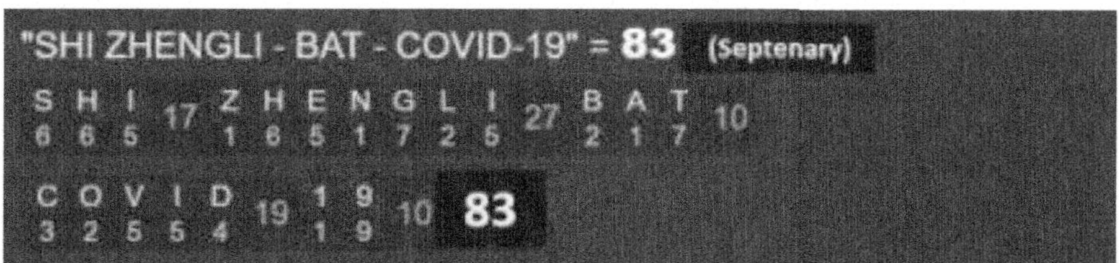

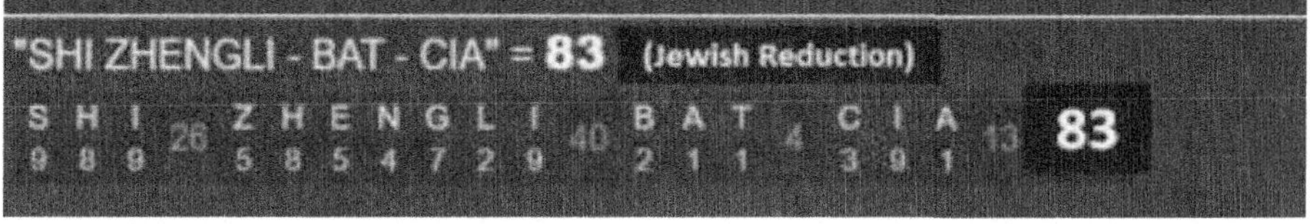

— Bien vu fils ! Le docteur Shi Zhengli est un expert international reconnu pour ses travaux sur les chauves-souris et les différentes sortes de coronavirus. C'est d'ailleurs elle qui a découvert la Covid-19 qui ne s'appelait pas ainsi.

— Comment ça ?

— Et oui fils. Le BtCoV / Rs4991, est un virus de la chauve-souris qu'elle commence à décrire dans ses publications dès 2015, correspondant au SARS-CoV-2. La Covid-19 a pour nom de code virologique BtCoV Rs4991 - RaTG13. (ceci n'est pas une fiction).

— Je ne comprends rien Pap ! C'est quoi Rs 4991 et RaTG13 ?

—Rs4991 est l'IDentification d'un échantillon d'une chauve-souris tandis que RsTG13 est l'IDentification du coronavirus détecté dans l'échantillon. 13 signifie qu'il a été collecté en 2013, et TG est l'abréviation de la ville Tongguan où l'échantillon a été prélevé. Les bestioles ont été récupéré dans la grotte de Mojiang. (ceci n'est pas une fiction).

— Waouh ! Et le Rs c'est quoi ?

— Pour Rhinolophus sinicus, un type de chauve souris.

— J'allais te le dire Pap !

— Ah bon ! Au fait, BtCoV / 4991 -> SARS-Cov-2 et Rs4991 – RsTG13 -> Covid-19 sont chiffré 61.

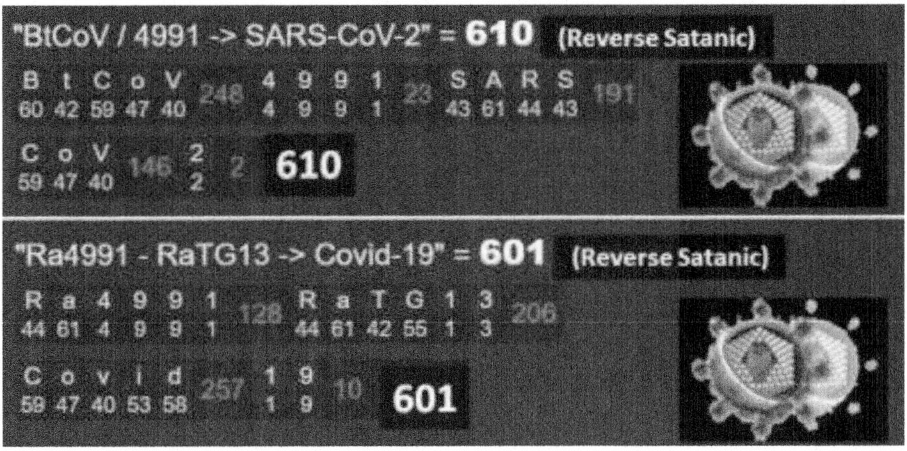

—Alors c'est vrai que Rs4991 – RsTG13, alias Covid-19 est issu d'une chauve-souris ?

—Oui fils. Des scientifiques chinois ont découvert que les mutations qui caractérisent la Covid-19 se retrouvent dans un virus issu des chauves-souris récemment identifié. Son nom : RmYN02. Dans ce virus, les auteurs ont aussi retrouvé l'insertion d'acides aminés.

— Waouh ! Si je comprends bien, elle trouve ce foutu virus en 2013, on « s'amuse » avec et communique sur ses « bienfaits » pour l'humain dès 2015. Et encore ce 61, mais tu ne vas rien me dire dessus.

Nature Public Health Emergency Collection

Public Health Emergency COVID-19 Initiative

Nat Med. 2015; 21(12): 1508–1513. PMCID: PMC4797993
Published online 2015 Nov 9. doi: 10.1038/nm.3985 NIHMSID: NIHMS766724
PMID: 26552008

A SARS-like cluster of circulating bat coronaviruses shows potential for human emergence

Vineet D Menachery,[1] Boyd L Yount, Jr.,[1] Kari Debbink,[1,2] Sudhakar Agnihothram,[3] Lisa E Gralinski,[1] Jessica A Plante,[1] Rachel L Graham,[1] Trevor Scobey,[1] Xing-Yi Ge,[4] Eric F Donaldson,[1] Scott H Randell,[5,6] Antonio Lanzavecchia,[7] Wayne A Marasco,[8,9] Zheng-Li Shi ,[4] and Ralph S Baric[1,2]

Zheng-Li Shi

[4]Key Laboratory of Special Pathogens and Biosafety, Wuhan Institute of Virology, Chinese Academy of Sciences, Wuhan, China

— Exact, fils. Voici l'une d'entre-elles co-rédigées par les Américains.

—Et pourquoi elle est chiffrée 83 ?

—Tu n'as pas une petite idée ?

—Elle s'est fait approcher par la CIA ?

—Il n'existe aucune preuve fils, mais c'est une hypothèse plausible.

—Et la CIA lui aurait demandé de laisser s'échapper le virus ?

—Possible, fils—Simple, le 83 a appliqué les principes de ART OF WAR – SUN TZU, enseignés à Harvard, West Point, l'académie militaire de l'armée de terre américaine,

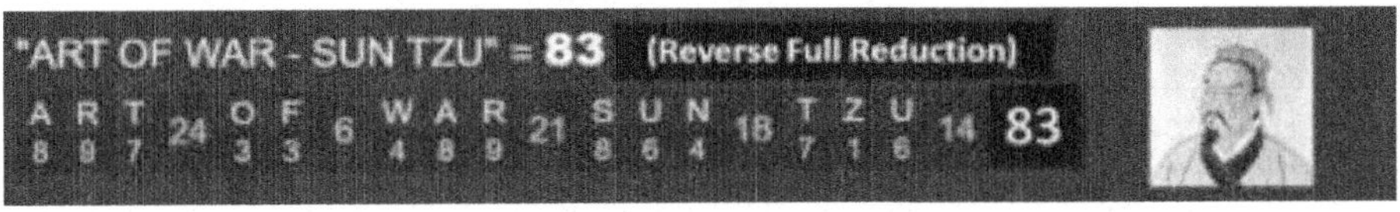

—Tu veux savoir pourquoi la CIA est chiffrée 23 alors que c'est un organisme américain.

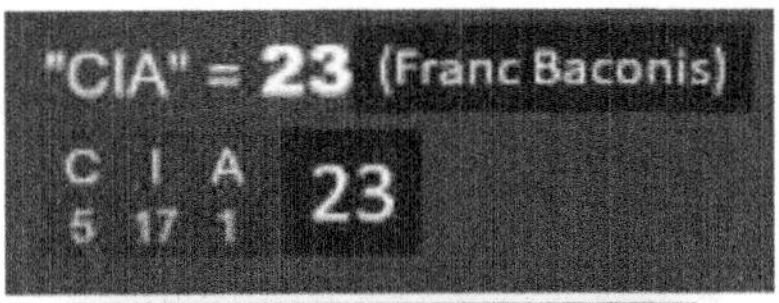

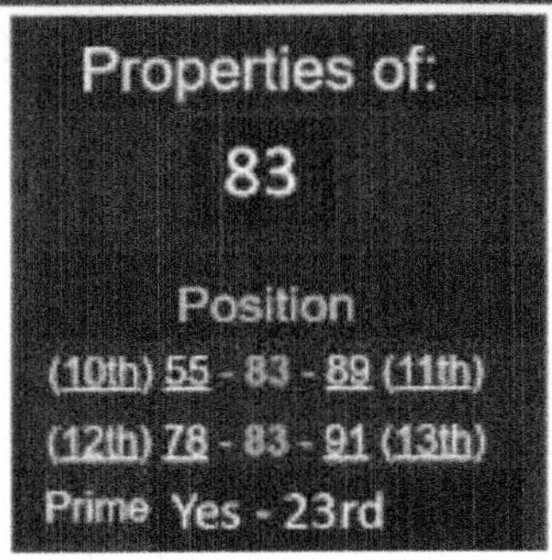

—Comment as-tu fait pour connaître ma question ?

—Le 23 et le 83 sont liés, fils.

—Comment ça ils sont liés ? 83 a pour valeur numérique 11 (8 + 3) et l'autre 5 (2 +3). T'es fatigué Pap, ils n'ont aucun lien.

—Tu as juste oublié que 83 est le 23ième nombre premier.

—Trop fort Pap !

—J’en reviens au docteur Shi Zhengli, j’ai visité le site web du laboratoire de Wuhan, et son nom y figure toujours. Étonnant si c’est un espion ?

—As-tu vérifié sur place que c’était bien elle ?

—Ben non !

—Moi non plus.

—Mais comment la CIA a-t-elle fait pour finaliser l’opération VIRUS 38. Elle n’a pas fait ça par téléphone !

— Le 28 janvier 2019, le professeur Shi Zhengli a été élu membre de l'American Academy of Microbiology.

http://english.whiov.cas.cn/ne/201903/t20190308_206697.html

—Donc elle connait les USA ?

—Exact, fils.

—Pap, c’est quoi au juste la Covid-19 ?

—La Covid-19 est une cambrioleuse fabriquée dans un laboratoire, qui se glisse par la fenêtre déverrouillée du deuxième étage et commence à saccager la maison pièce par pièce.

Une fois à l'intérieur, elle ne se contente pas de saisir tout ce qui est à sa portée, elle ouvre également toutes les portes et fenêtres afin que ses complices puissent pénétrer en masse et l'aider à ne rien oublier.

—Pourquoi tu dis que la Covid-19 a été fabriquée dans un laboratoire ?

—Ce n'est pas moi qui le dit, c'est le professeur Luc Montagnier, virologue français, récipiendaire du prix Nobel de médecine 2008 pour sa découverte du virus de l'immunodéficience humaine (VIH). Le 18 avril 2020, il est apparu sur une chaîne de télévision française (vidéo en français sous-titrée en anglais) pour commenter l'origine du COVID-19, faisant écho à ce que plusieurs autres scientifiques ont suggéré en affirmant que le virus avait été manipulé par des chercheurs.

https://www.youtube.com/watch?v=bldkWmlSRMY&feature=emb_title

Il a également mentionné lors de son intervention télévisée que des composants du VIH avaient été insérés dans la séquence du coronavirus, peut-être à la recherche d'un vaccin contre le sida. Interrogé par l'un des journalistes sur la question du coronavirus issu d'un patient infecté par le VIH, le professeur Luc Montagnier a déclaré : *Pour insérer une séquence du VIH dans ce génome, des outils moléculaires sont nécessaires, et cela ne peut être fait qu'en laboratoire.*

Ce n'est pas naturel, c'est un travail de professionnel, de biologiste moléculaire, d'horloger des séquences. Dans quel but ? Je ne sais pas.

— Effectivement il y a eu des manipulations que l'on a voulu cacher. J'en ai les preuves, ce sont des e-mails.

—Des mails ?

—Oui ! Tu te souviens de la Rhinolophus sinicus ?

—Un nom pareil, on ne risque pas de l'oublier. C'est la fameuse chauve-souris fer à cheval du virus SARS – Cov Rs 4991.

—Excat fils. Et bien ce n'était pas la seule à faire l'objet de manipulation génétique. D'avril 2011 à Octobre 2015, le laboratoire de virologie de Wuhan a effectué des tests sur 602 spécimens de chauves-souris provenant d'une grotte située à proximité de la ville de Kunming dans le province de Yunnan. Sur ces 602 spécimens, 84 échantillons ont été testés positifs au CoV, et sur ceux-ci, 57 avaient un séquençage des amplicons PCR révélant la présence de SRAS-CoV.

—Tu es devenu biologiste Pap ?

—Juste cyber journaliste d'investigations. Bon je continue. Sur les 57 échantillons, 50 provenaient de Rhinolophus sinicus, tandis que les 7 échantillons restants provenaient de Rhinolophus ferrumequinum, Rhinolophus affinis et de Aselliscus stoliczkanus qui appartient à la famille des Hipposideridae.

11 souches du SARS-CoV, nommées par abréviation des espèces de chauves-souris et ID de l'échantillon (Rs4081, Rs4084, Rs4231, Rs4237, Rs4247, Rs4255, Rs4874, Rs7327, Rs9401, Rf4092 et As6526) ont été sélectionnées pour un séquençage génétique complet. Dans la Covid-19, Il manque une séquence génétique qui prouve en soi que ce n'est pas une mutation naturelle.

—Waouh ! Waouh ! Deux minutes Pap, je vais chercher 11 morceaux de chocolat.

—Pourquoi 11 ?

—Ben un par souche, Pap !

—Ne mange pas trop vite, je continue ?

—Un amplicon est un fragment d'ADN amplifié par PCR (réaction en chaîne par polymérase).

—Bon si je comprends bien, ils se sont amusés à manipuler l'ADN de 11 chauves-souris positives au SRAS-CoV.

—Tu en as mis du temps pour comprendre, fils. C'est pourtant simple.

—Donc le professeur Montagnier a raison. Et les preuves ?

—Les voici, et avec le lien Internet.

https://journals.plos.org/plospathogens/article?id=10.1371/journal.ppat.1006698

Discovery of a rich gene pool of bat SARS-related coronaviruses provides new insights into the origin of SARS coronavirus

Ben Hu, Lei-Ping Zeng, Xing-Lou Yang, Xing-Yi Ge, Wei Zhang, Bei Li, Jia-Zheng Xie, Xu-Rui Shen, Yun-Zhi Zhang, Ning Wang, Dong-Sheng Luo, Xiao-Shuang Zheng, Mei-Niang Wang, Peter Daszak, Lin-Fa Wang, Jie Cui, Zheng-Li Shi
[view less]

Published: November 30, 2017

Roles: Funding acquisition, Writing – review & editing

Affiliation: EcoHealth Alliance, New York, New York, United States of America

—Et ils communiquent cela aussi facilement. En 2017 en plus !

—C'est ainsi que les communications de recherche se font, fils. Aucune raison de ne pas communiquer. Oui mais voilà : *À l'évidence, des choses se sont passées là-bas que nous ne savons pas*. Emmanuel Macron.

—Et comment qu'il s'est passé des choses, l'un ou plusieurs des 11 échantillons s'est échappé du laboratoire.

—S'est échappé ou « on » lui a ouvert la porte ? Et c'est là que des échanges de mails apparaissent, le 6 février 2020. Et si on demandait aux nombres leurs avis, fils ?

Re: A Statement in support of the scientists, public health and medical professionals of China

Feb 6, 2020 11:48:56 AM EST

Re: A Statement in support of the scientists, public health and medical professionals of China

Subject: Re: A Statement in support of the scientists, public health and medical professionals of China
From: Saif, Linda <saif.2@osu.edu>
To: Hume Field <hume.field@ecohealthalliance.org>
Cc: Peter Daszak <daszak@ecohealthalliance.org>, Ralph Baric <rbaric@email.unc.edu>, jmhughe@emory.edu, Rita Colwell <[redacted] Rita Colwell <rcolwell@g.umd.edu>, rcolwell@umd.edu, Wang Linfa <linfa.wang@duke-nus.edu.sg>, Alison Andre <andre@ecohealthalliance.org>, Aleksei Chmura <chmura@ecohealthalliance.org>, Hongying Li <li@ecohealthalliance.org>, William B. Karesh <karesh@ecohealthalliance.org>, Robert Kessler <kessler@ecohealthalliance.org>
Sent: February 6, 2020 11:48:56 AM EST

—Bonne idée, Pap.

—Si on commençait par l'endroit où ont été récupéré les 604 bestioles, le nom du virus ainsi que le nom des 11 souches du SARS-CoV.

—Belles coïncidences avec le nombre 61. Encore ce nombre !

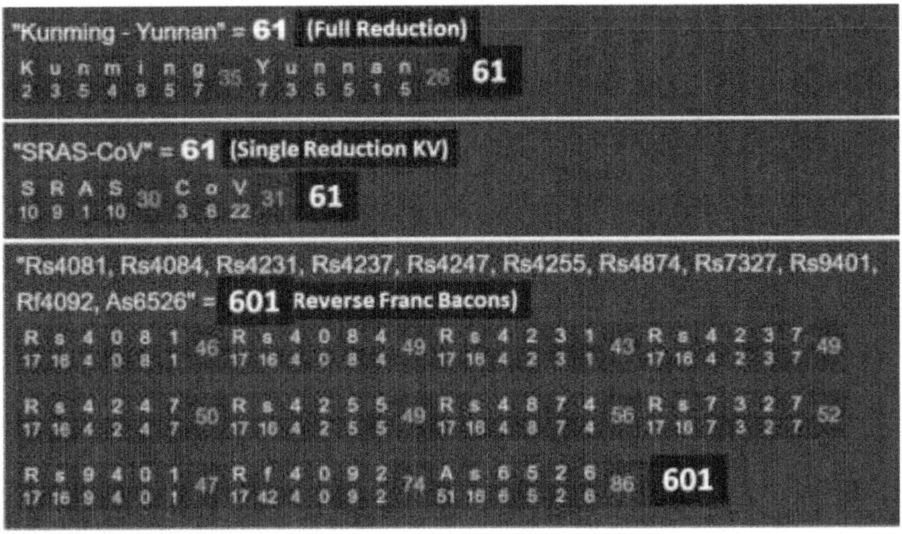

—Pas « ce » nombre, mais « le » nombre.

—Okay ! et les mails ?

—À la suite de la première déclaration d'un bureau de l'OMS en Chine, le 31 décembre 2019, faisant état d'un cas de pneumonie inconnue détecté à Wuhan, les virologues de Wuhan, dirons-nous, se sont « affolés », suite aux théories de complot qui commençaient à fleurir sur le Net. Je te rappelle que l'OMS a déclaré la pandémie le 11 mars 2020.

— Je ne pense pas que le président Emmanuel Macron soit complotite en affirmant : *À l'évidence, des choses se sont passées là-bas que nous ne savons pas.*

—Une série de mails ont ainsi étaient échangés entre des somités universitaires reconnues par les biologies Wuhan et la société EcoHealthAlliance.

—C'est quoi d'EcoHealth Alliance Pap ?

—C'est un groupe à but non lucratif qui a reçu des millions de dollars du contribuable américain pour manipuler génétiquement des coronavirus avec des scientifiques de l'Institut de Virologie de Wuhan.

—Waouh ! Et pourquoi ces mails ?

—Des mails « prouvent » qu'une déclaration a été mise au point par des employés d'EcoHealth Alliance condamnant « les théories du complot en suggérant que le COVID-19 n'est pas d'origine naturelle ». Voici ce que l'on peut lire sur les mails :

Salut à tous,

Je suis d'accord avec ce projet !

Une question se pose, serait-il utile d'ajouter juste une ou deux déclarations expliquant pourquoi nCoV n'est pas un virus généré par le laboratoire et qu'il est d'origine naturelle. Cela semble essentiel pour réfuter scientifiquement de telles affirmations ! Linda

Re: A Statement in support of the scientists, public health and medical professionals of China — Feb 6, 2020 11:46:56 AM

Hi all
I concur with this draft!
One question is whether it would be useful to add just one or 2 statements in support of why nCoV is not a lab generated virus and is naturally occurring? Seems critical to scientifically refute such claims!
Linda

Sent from my iPhone

On Feb 6, 2020, at 4:12 AM, Hume Field <hume.field@ecohealthalliance.org> wrote:

Peter, some suggested edits to the statement for consideration, with the benefit of time..

Hume

From: Hume Field <hume.field@ecohealthalliance.org>
Sent: Thursday, 6 February 2020 4:35 PM
To: 'Peter Daszak' <daszak@ecohealthalliance.org>; 'Ralph Baric (rbaric@email.unc.edu)' <rbaric@email.unc.edu>; 'Saif, Linda' <saif.2@osu.edu>; 'jmhughe@emory.edu' <jmhughe@emory.edu>; 'Rita Colwell' <[illegible] 'rcolwell@umiacs.umd.edu' <rcolwell@umiacs.umd.edu>; 'rcolwell@umd.edu' <rcolwell@umd.edu>; 'Wang Linfa' <linfa.wang@duke-nus.edu.sg>
Cc: Alison Andre <andre@ecohealthalliance.org>; Aleksei Chmura <chmura@ecohealthalliance.org>; Hongying Li <li@ecohealthalliance.org>; William B. Karesh <karesh@ecohealthalliance.org>; Robert

—Mais lorsque l'on a rien à cacher, on ne fait pas cela, Pap.

—Après s'être mis d'accord sur la déclarationS Voici le contenu de l'un de ses mails.

Merci beaucoup Linda, Jim, Billy et Hume pour avoir signé rapidement. Rita a appelé aujourd'hui mais j'étais en réunion et nous n'avons pas eu le temps de parler je veillerai à ce que nous nous connections demain. Hume - J'ai retenu certains de vos commentaires que j'ai légèrement modifié, et j'ai joint la version révisée ici.

Linda, vous avez raison, il serait bon d'être précis sur la théorie du complot viral bio-conçu, mais je pense que nous devrions probablement s'en tenir à une déclaration générale. Les présidents des National Academies of Science, Engineering des États-Unis et de Medicine ont rédigé une lettre qui, je pense, sera publiée vendredi ou lundi. Je n'ai pas encore vu la version finale, mais le projet de version actuelle est :

« Le point de vue initial des experts est que les données génomiques disponibles sont cohérentes avec l'évolution naturelle et qu'il n'y a actuellement aucune preuve que le virus ait été conçu pour se propager plus rapidement parmi les humains ». Je pense que c'est un un peu trop spécifique, car il existe d'autres théories du complot.

Notre déclaration actuelle réfute parfaitement la plupart d'entre-elles en disant: « Nous sommes unis pour condamner fermement les théories du complot suggérant que le 2019-nCoV n'ait pas d'origine naturelle. Á une écrasante majorité, les preuves scientifiques suggèrent que ce virus est originaire de la faune, comme tant d'autres maladies émergentes ». Faites-moi savoir si vous voulez modifier un libellé spécifique en utilisant «suivre les modifications» ci-dessus.

Les plans sont maintenant d'attendre que Rita donne un oui ou un non, puis d'inclure une référence à la lettre de NASEM puis de le distribuez-le à d'autres scientifiques éminents. J'ai dressé une première liste ci-dessous.

RE: A Statement in support of the scientists, public health and medical professionals of China — Feb 6, 2020 10:23:12 PM EST

RE: A Statement in support of the scientists, public health and medical professionals of China

Subject:	RE: A Statement in support of the scientists, public health and medical professionals of China
From:	Peter Daszak <daszak@ecohealthalliance.org>
To:	Saif, Linda <saif.2@osu.edu>, Hume Field <hume.field@ecohealthalliance.org>
Cc:	JMHUGHE@emory.edu <jmhughe@emory.edu>, Rita Colwell <[redacted] Rita Colwell <rcolwell@g.umd.edu>, rcolwell@umd.edu, Alison Andre <andre@ecohealthalliance.org>, Aleksei Chmura <chmura@ecohealthalliance.org>, Hongying Li <li@ecohealthalliance.org>, William B. Karesh <karesh@ecohealthalliance.org>, Robert Kessler <kessler@ecohealthalliance.org>
Sent:	February 6, 2020 10:23:12 PM EST
Attachments:	Statement of support 2019nCoV China Final.docx

RE: A Statement in support of the scientists, public health and medical professionals of China — Feb 6, 2020 10:23:12 P

Thank you very much Linda, Jim, Billy and Hume for signing on to this rapidly. Rita called today but was in a meeting and we haven't had time to talk, but I'll make sure we connect tomorrow.

Hume – I've taken some of your comments and lightly edited, and I've attached the revised version here. Linda – you're right it would be good to be specific about the bioengineered virus conspiracy theory, but we I think we should probably stick to a broad statement. The Presidents of the US National Academies of Science, Engineering and Medicine have drafted a letter that I expect will be released Friday or Monday. I've not seen the final version yet, but the draft version that we (and expert group that met last week) edited has the following sentence:
"The initial views of the experts is that the available genomic data are consistent with natural evolution and that there is currently no evidence that the virus was engineered to spread more quickly among humans." I think this is a bit too specific, because there are other conspiracy theories out there.

Our current statment neatly refutes most of them by saying that "We stand together to strongly condemn conspiracy theories suggesting that 2019-*nCoV* does not have a natural origin. Scientific evidence overwhelmingly suggests that this virus originated in wildlife, as have so many other emerging diseases". Let me know if you want to change specific wording using 'track changes' above.

The plans now are to wait for Rita to give a Yes or No, then include a reference to the NASEM letter when that comes out, then circulate to some other eminent scientists. I've come up with an initial list below.
Please suggest names of your colleagues that you think might also be willing to support this (I'm sure some of these people are too busy right now to respond):

—C'est pas clair tout ça, Pap.

—On parle de SARS-CoV2 alias Covid-19. C'est quoi ce virus Pap ?

—La maladie Covid-19 se propage à travers le corps pénétrant les cellules de tous les tissus où l'ACE2 est présent.

—C'est quoi l'ACE2 Pap ?

—C'est une enzyme de conversion de l'angiotensine 2, ou ACE2 (Angiotensin-Converting Enzyme 2), liée à la face externe des membranes plasmiques des cellules des poumons, des artères, du cœur, des reins et de l'appareil digestif. Elle joue un rôle important dans le système rénine-angiotensine-aldostérone qui est l'un des systèmes de régulation les plus importants dans les fonctions autonomes cardiovasculaires et pulmonaires.

—Waouh ! Comment sais-tu tout ça ?

—J'ai droit chaque jour à un cours de médecine dans la chambre.

—T'as de la chance.

—Ah oui quelle chance j'ai ! Je continue ?

—Oui, oui Pap.

— Mais une fois que la Covid-19 a pénétré dans le corps elle ne se contente pas d'infecter les cellules de nombreux récepteurs ACE2, elle augmente considérablement la perméabilité vasculaire.

En un mot, nos vaisseaux sanguins fuient. Mais cette saloperie de virus ne s'arrête pas là, elle augmente la production d'acide hyaluronique (HLA) dans les poumons.

Le virus utilise les fuites sanguines pour former un hydrogel, qui peut remplir les poumons.

Après les vaisseaux, les poumons, vient le tour du cœur, à moins que le virus ne s'attaque en priorité à cet organe en l'infectant par ses récepteurs ACE2.

Il achève enfin son travail de démolition en provoquant des fuites de vaisseaux sanguins dans le cerveau. On peut dire que la Covid-19 est une arme de destruction massive du corps humain en agissant principalement sur l'ACE2.

—Et ils ont découvert tout cela en analysant ce foutu Covid-19 ? On aura bientôt un vaccin alors ?

—Que c'est beau l'innocence de la jeunesse.

—Parce qu' « ils » savaient depuis 2013, les conséquences du virus SARS sur ACE2 ! Je te rappelle, fils que le véritable nom de la Covid-19 est SARS-CoV-2.

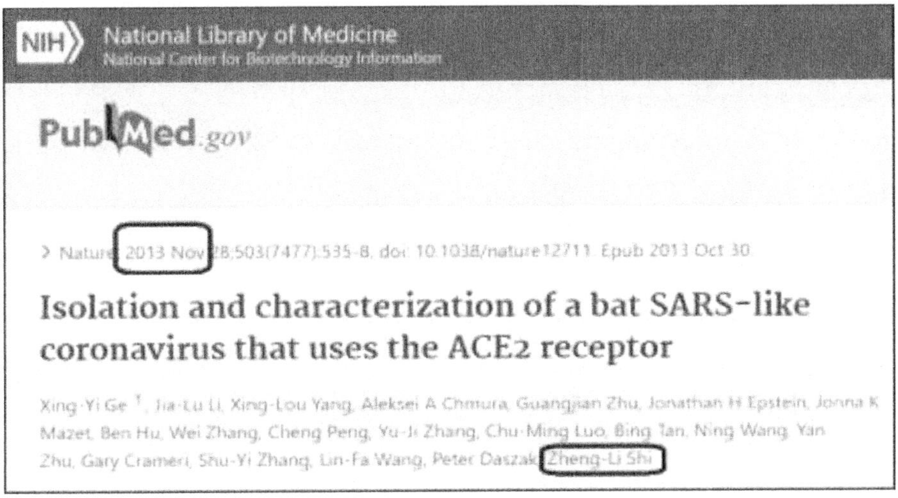
NIH National Library of Medicine
National Center for Biotechnology Information
PubMed.gov

> Nature 2013 Nov 28;503(7477):535-8. doi: 10.1038/nature12711. Epub 2013 Oct 30.

Isolation and characterization of a bat SARS-like coronavirus that uses the ACE2 receptor

Xing-Yi Ge [1], Jia-Lu Li, Xing-Lou Yang, Aleksei A Chmura, Guangjian Zhu, Jonathan H Epstein, Jonna K Mazet, Ben Hu, Wei Zhang, Cheng Peng, Yu-Ji Zhang, Chu-Ming Luo, Bing Tan, Ning Wang, Yan Zhu, Gary Crameri, Shu-Yi Zhang, Lin-Fa Wang, Peter Daszak, Zheng-Li Shi

—C'est pas possible ! « Ils » savaient tout !!!

—Oui fils, mais « ils » ont continué à manipuler le virus. Regarde les noms.

—On retrouve encore le docteur Shi ZhangLi de Wuhan et des chercheurs de l'université de Caroline du Nord à Chapel Hill. C'est quoi le NIH ?

—Ce sont les Instituts américains de la santé (National Institutes of Health (NIH).

—Donc s' « ils » savaient, « ils » avaient le vaccin.

— Celui qui crée le poison peut aussi créer le remède.

— La chauve-souris a une ACE2 comme celle des humains ?

—Bonne question fils. Les gorilles, chimpanzés, orangs-outans, babouins, macaques, les mammifères marins tels que les baleines grises et les grands Dauphins, ainsi que les hamsters chinois, possèdent un récepteur très proche de l'ACE2 humain.

Tout comme la chauve-souris, et notamment la rhinolophus sinicus également appelée la chauve-souris rousse chinoise en fer à cheval.

—Bon je peux aller jouer aux quilles maintenant ?

—Jouer aux quilles ? Pap, dis-moi. Papppppp

—Au fait, CHAPEL HILL – SARS-CoV-2 et SHI ZHENGLI – WUHAN sont chiffrés 61.

"CHAPEL HILL - SARS - CoV2" = **601** (Francis Bacon)

C	H	A	P	E	L		H	I	L	L		S	A	R	S	
29	34	27	42	31	38	201	34	35	38	38	145	45	27	44	45	161

C	o	V	2		
29	15	48	2	94	**61**

"SHI ZHENGLI - WUHAN" = **61** (Chaldean)

S	H	I		Z	H	E	N	G	L	I		W	U	H	A	N		
3	5	1	9	7	5	5	5	3	3	1	29	6	6	5	1	5	23	**61**

—Encore ce code de 61 ?

—Pas « ce » code, mais « le » code, fils.

—Pap, dis-moi.

—La guerre de Troie ça te dit quelque chose ?

—Ben oui ! Hélène de Troie !

—Je vois le genre ! Mais encore ?

—Pap, je viens de coder TROJAN HORSE (Cheval de Troie)

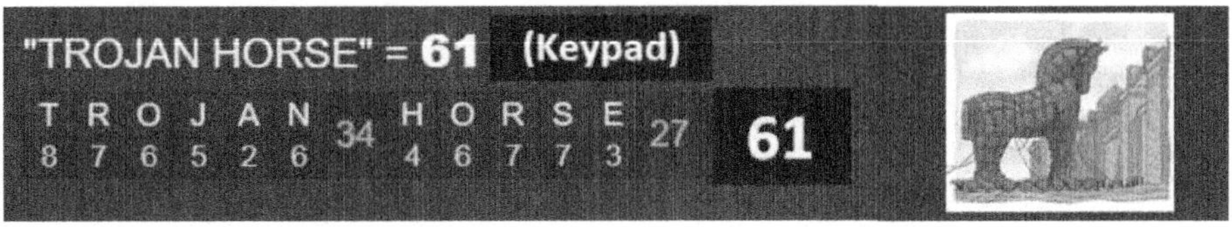

—Parfait.

—Pap, je suis complétement perdu. Il y a le SARS-CoV-2, le Rs4991, RsTG13, Shi ZhangLi de Wuhan, l'université de Caroline du Nord à Chapel Hill. Je ne comprends plus qui fait quoi.

—Et ça fait des études d'ingénieur ! Bon je vais te faire une synthèse. Des scientifiques de renommée internationale déclarent :

- ✓ Que le SARS-CoV-2, alias la COVID-19 est issu d'un laboratoire à plus de 90 %.
- ✓ Que le SRAS-CoV-2 est tellement bien « ajusté » pour infecter les humains, que le récepteur supplémentaire permettant de créer une liaison avec les cellules humaines des voies respiratoires et de l'intestin devient plus que suspect.

✓ Que la protéine de pointe (NDE, protéine spicule S) du SRAS-CoV-2 est très stable indiquant qu'il s'agit d'un « virus entièrement développé et fabriqué à la perfection pour infecter les humains ». La protéine de pointe présente six inserts qui sont des empreintes digitales uniques avec cinq caractéristiques saillantes indiquant une manipulation intentionnelle. Ceci indique que la structure du virus ne peut pas avoir évolué naturellement. L'examen comparatif de la protéine de pointe avec une fenêtre de roulement de six acides aminés a montré que 78,4% du génome est de nature semblable au génome humain (NDT, en fait cela rejoint la théorie de Montagnier et Perez sur l'adaptation exceptionnelle du génome du virus à l'homme). Cela signifie que près de 80% de la protéine de pointe possède une propriété furtive à une forte similitude humaine. Par conséquent, il s'agit d'un virus remarquablement bien adapté à la coexistence humaine. C'est clair pour toi fils ?

—Limpide !

—Alors je poursuis. Je disais donc que ces experts en virologie déclarent :

- ✓ Qu'en 2015, des scientifiques de la section « Virus spéciaux» de l'Institut de virologie de Wuhan se sont engagés dans des expériences de « gain de fonction » conjointement avec une équipe de l'Université américaine de Caroline du Nord à Chapel Hill.
- ✓ Que les virus ZC45 et ZXC21 ont été découverts (entre juillet 2015 et février 2017), isolés et caractérisés par des chercheurs des laboratoires militaires de la troisième université de médecine militaire et de l'Institut de recherche en médecine du commandement de Nanjing. Les données et les travaux associés ont été publiés en 2018.
- ✓ Que SARS-CoV-2 est un produit de laboratoire créé en utilisant les coronavirus de chauve-souris ZC45 et/ou ZXC21 comme modèle et/ou squelette.
- ✓ Que la séquence du génome du SRAS-CoV-2 est étrangement similaire à celle d'un coronavirus de chauve-souris découvert dans les laboratoires militaires précités.

- ✓ Que le virus RaTG13 soi-disant trouvé sur une chauve-souris dans une grotte près de la ville Tongguan, alias SARS-CoV-2, alias Covid-19 est très proche de deux coronavirus de chauve-souris, ZC45 et ZXC2. La littérature récente prouve dans son ensemble que le virus RaTG13 n'existe pas dans la nature et que sa séquence a été fabriquée.
- ✓ Que des chercheurs du laboratoire de Wuhan sous la responsabilité du Docteur Shi Zhengli ont produit des coronavirus de chauve-souris et les ont placés dans des cellules humaines et des cellules de singe. « Toutes ces expériences ont été menées dans des cellules contenant des récepteurs ACE2 venant de l'homme ou du singe ».
- ✓ Que le virus SARS-CoV-2, alias COVID-19 est une arme biologique Chinoise et/ou Américaine et que de ce fait la pandémie actuelle, est « le résultat d'une guerre biologique sans restriction ».

De nombreux scientifiques évoquent des articles de chercheurs chinois et américains dans lesquels, ils expliquent et démontrent qu'ils ont manipulé de nouveaux chiméravirus pour qu'ils existent, avec le SARS-coronavirus comme point de relais

Un nom revient en permanence…

—Celui de la femme chauve-souris.

Exact fils. Celui du Docteur Shi Zhengli de l'institut de Virologie de Wuhan, qui je te le rappelle a passé un PhD à l'université de Médecine de Montpellier, à qui j'aimerais bien poser quelques questions, si elle est toujours en vie…

Pourquoi a-t-elle modifié les mots-clés dans la base de données Wuhan Institute le 30 décembre 2019 ?

Pourquoi de nombreuses bases de données chinoises sur les agents pathogènes viraux sont-elles désormais hors ligne ?

À quoi correspond l'augmentation de l'activité (révélée par des images satellites) dans les hôpitaux de Wuhan en octobre 2019 ?

Que signifie l'augmentation de trafic sur Baidu en novembre 2019 ?

—Waouh c'est quoi Pap ?

—La première image satellite montre l'activité habituelle dans un hôpital de Wuhan. On aperçoit exactement 393 véhicules sationnés autour du bâtiment. La seconde image, montre le même bâtiment en octobre 2019. 714 véhicules stationnent, sur les parkings. Tu as une idée fils ?

—Ce ne sont pas les preuves satellites dont parlait le président Trump ?

—Exact fils. Et comme à son habitude il a balancé un tweet le 10 juin 2020, qui a fait réagir vigoureusement les autorités chinoises. 6 établissements ont fait l'objet d'analyse d'images par satellite : Hubei Women and Children's, Wuhan Tianyou, Wuhan Central, Wuhan Tongji Medical University, Wuhan Union, et Zhongnan Hospital of Wuhan University.

—Tu en penses quoi toi ?

—Je te rappelle, encore et encore qu'un cyber journaliste d'investigation expose les preuves et laisse le lecteur juger.

—Harvard ?

—Exactt fils. Cette étude a été publiée par Harvard, signe de rigueur. Et ce n'est pas tout.

—Ah bon ?

—Une analyse quotidienne a été réalisée d'avril 2017 à mai 2020, à partir de requêtes sur « Baidu » issues de ces 6 établissements, pour les recherches liées aux symptômes susceptibles d'être associés à la maladie COVID-19, comme toux et diarrhée.

—Baidu, l'internet et le moteur de recherche chinois.

—Exact fils. Les graphes montrent clairement qu'en novembre 2019, il y eut un pic de recherches sur cette association tous, diarrhée, de la part du personnel soignat qui cherchait à comprendre.

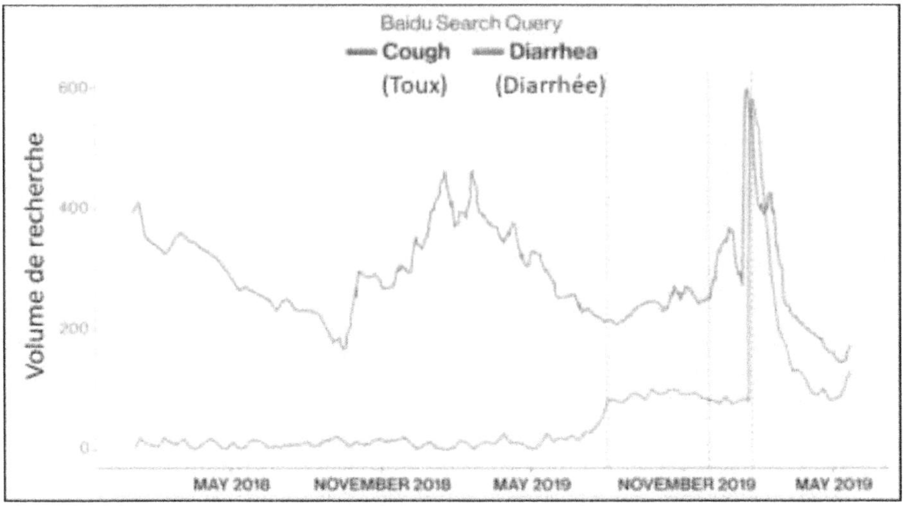

Pour résumer, dès octobre 2019, les images montrent un fort trafic de véhicules sur les parkings ce qui laisse penser à une arrivée massive de personnes infectées, et dès novembre 2019, une forte volumétrie sur Baidu des termes « toux » et « diarrhée ».

Ces preuves montrent que le virus était présent avant que le gouvernement chinois informe le bureau de l'OMS en Chine qu'un cas de pneumonie inconnue a été détecté à Wuhan, le 31 décembre 2019. La question est donc de savoir si c'était le résultat d'une négligence de la gestion de l'épidémie, ou d'une volonté de laisser l'épidémie se propager. Bon, c'est l'heure de ma partie de quille, fils et arrête de dormir, tu as une sale tête.

****

—Tu as l'air soucieux mon fils ?

—Je me demande juste combien de temps va durer ce confinement Mam ?

Plus le temps passe plus je trouve que l'on est dans une impasse.

— As-tu des nouvelles de ton père ?

Comme avec Jade, ne sachant quoi répondre il improvise.

— Tout va bien Mam ?

— Tu sais quand il va sortir ?

— Bientôt je pense.

— Ah, c'est bien... C'est bien.

Sa mère retrouve le sourire.

— Et je mettrais ma main à couper qu'il te tarde d'être ce soir.

— Pourquoi tu dis cela ? C'est normal d'applaudir le personnel soignant.

— Bien sûr.

— Une maman voit tout, entend tout, devine tout et est trop curieuse. C'est cela une maman.

— C'est cela... répond-il en souriant.

Tous deux se regardent et partent dans un fou rire communicatif.

— Qu'est-ce qui te ferait plaisir comme dessert Mam ? Il y a des pommes, et encore des pommes.

— Juste un bisou de mon fils.

— Je t'aime Mam.

— Moi aussi.

7.

Je dis toujours la vérité, même quand je mens.

Pour vaincre l'ennui et la déprime du confinement, sans se mettre en danger, debout sur le balcon de son appartement, Arnaud s'émerveille de l'ambiance festive de partage qui règne dans le groupe d'immeubles avoisinant le sien. D'ordinaire à 20h05, il n'y a que les voyous et les dealers qui occupent les halls d'entrée du bâtiment.

Une grande salve d'applaudissements s'adresse à tous les médecins, infirmières, personnel médical sans oublier les agents d'entretien, qui travaillent 24 heures sur 24 dans les hôpitaux et les centres médicaux du monde entier. Ce sont les vrais héros de la planète Terre. Ils combattent de front un ennemi invisible, la Covid-19.

Il se surprend à entamer un pas de danse et à fredonner les paroles de l'hymne désormais propre à son quartier.

« Faut pas prendre les soignants pour des truffes ;

Tchi, Tchi le pangolin par-ci ;

Tchi, Tchi la chauve-souris par là ;

Faut pas prendre les soignants pour des truffes ».

Cette chanson n'a aucune chance d'avoir le Music Awards 2020, mais elle aura le prix du personnel de santé et de tous ceux qui œuvrent pour sauver des vies.

—Coucou, Arnaud.

Il s'incline doucement pour voir le balcon en dessous de l'étage du sien.

—Coucou, suis ici !

Arnaud aperçoit le joli visage de Jade à une fenêtre légèrement décalée sur sa droite. Et là, l'illumination.

—Ah ... salut.

—La fenêtre c'est plus pratique, tu n'es pas obligé de te pencher et moi j'évite un torticolis.

—C'est cool, ça chante fort. On ne s'entend pas, si tu es sur Facebook on pourrait échanger par MP ce serait plus simple.

Au son du rythme endiablé d'une musique électro, les épaules découvertes, Jade éclate de rire.

—« Face de book ! » C'est pour les pépés, et les pépés sur Facebook, ce n'est pas magique lui lance-t-elle en tournant la tête tout en balançant ses longs cheveux aux blonds reflets.

Arnaud pouvait voir ses grands yeux dorés briller, étinceler de malice. Aucune jeune fille ne lui avait jusqu'alors procuré de si délicieuses sensations.

Nullement vexé, il la regarde avec le même rictus satisfait que celui d'un chat qui aurait attrapé un canari.

—T'inquiète, tu es toujours aussi canon avec ton sourire. Et en plus j'aime beaucoup ta chemise. Elle est trop cool.

—Tu utilises quoi comme messagerie ?

—Avant je passais par WhatsApp, mais maintenant je préfère TikTok.

—Ah bon Ok. Moi c'est Facebook, mais aussi Kik, répond Arnaud histoire de lui montrer qu'il n'est pas si « papy » que cela.

—J'ai entendu parler de Kik.

—Elle est simple à utiliser. Pas besoin d'un numéro de téléphone, uniquement un nom.

—J'utilise aussi Telegram et Discord lui lance Arnaud.

—Ah bon ! Tu dois passer ton temps à baratiner des filles alors...

—Non, non, tu sais je travaille beaucoup.

—Je n'entends rien avec cette musique.

—OK, je vais te laisser, car je dois rentrer souper.

—Moi aussi. À demain alors...

—Au fait, j'ai menti, j'ai un compte Facebook – Jade Rossignol – tu peux m'inviter, lance-t-elle en souriant.

—OK, je le ferai.

8.

...Celui qui aime apprendre est bien près du savoir.

CONFUCIUS

Après avoir pris des nouvelles de sa mère, Arnaud démarre son ordinateur.

—Tu es là Pap ? Tu es là ?

—Où veux-tu que je sois ? Le temps n'existe pas où je suis.

—Mais t'es où au juste ?

—Ben, dans l'univers quelle question. Tu es prêt pour ta leçon ?

—Ben oui ! Tu m'as bluffé avec tes derniers chiffrements.

—Tu te souviens qu'il y a 26 lettres dans l'alphabet ?

—Jusque-là ça va...

—Si tu demandes à ton professeur de français pourquoi 26 lettres composent l'alphabet moderne, il te répondra probablement que que le français comme l'anglais est une langue latine, basée sur les 26 lettres apparentées à l'alphabet latin, après la chute de Rome.

—Oui, mais pourquoi 26 et non pas 25 ou 27 ?

—Jusque-là ça va... Le nombre de lettres de l'alphabet a varié entre 20 et 30 lettres. Pour connaître la signification du nombre 26, il faut remonter au berceau de la civilisation, à l'ancienne Babylone qui a donné naissance à l'Égypte et à la tradition ésotérique de la Kabbale.

La Kabbale, associée à la Gématrie consiste à utiliser la valeur numérale de chaque lettre d'un mot ou d'une phrase, afin d'établir avec clairvoyance ...

—Je parie que les numéros sont des chiffres et des nombres.

Exact fils, ainsi pour le chiffrement appelé « Ordinal » pour l'ordre alphabétique, la première lettre « a » est chiffrée « 1 », et la dernière « z » équivaut à « 26 ».

English Ordinal												
a	b	c	d	e	f	g	h	i	j	k	l	m
1	2	3	4	5	6	7	8	9	10	11	12	13
n	o	p	q	r	s	t	u	v	w	x	y	z
14	15	16	17	18	19	20	21	22	23	24	25	26

—Ton prénom ARNAUD composé de 6 lettres est donc chiffré en ordinal à 59 en majuscule ou en minuscule, et la valeur ordinale est 5 + 9 = 14 = 1 + 4 = 5. Tu me suis ?

"ARNAUD" = 59 English Ordinal

A	R	N	A	U	D	
1	18	14	1	21	4	59

—C'est exactement ma moyenne en géographie de l'année dernière. 5 / 20 !

—Naturellement il n'y a pas que le principe « Ordinal ». Il existe de nombreuses méthodes de chiffrement. Avec celle appelée « Full Reduction » les lettres de « A à I » sont chiffrées de 1 à 9 puis à partir de « J » on recommence à 1. Cette méthode est inspirée de Pythagore qui chiffrait l'univers de 1 à 9. Selon cette approche «ARNAUD » est chiffré « 23 » dont la valeur ordinale est 2 + 3 = 5.

"ARNAUD" = **23** Full Reduction

A	R	N	A	U	D	
1	9	5	1	3	4	23

Full Reduction

a	b	c	d	e	f	g	h	i	j	k	l	m	n	o	p	q	r	s	t	u	v	w	x	y	z
1	2	3	4	5	6	7	8	9	1	2	3	4	5	6	7	8	9	1	2	3	4	5	6	7	8

—Encore une coïncidence ?

—Au niveau de la valeur ordinale, oui ! Tu en veux une dernière ?

—Oui, oui Pap

—Une un peu difficile, mais comme tu es matheux tu vas vite trouver. La méthode « Reverse Squares ».

Reverse Squares

z	y	x	w	v	u	t	s	r	q	p	o	n
1	4	9	16	25	36	49	64	81	100	121	144	169
m	l	k	j	i	h	g	f	e	d	c	b	a
196	225	256	289	324	361	400	441	484	529	576	625	676

—Trop facile !

Reverse indique que l'on commence par la dernière lettre de l'alphabet « z » et « Squares » qui signifie « carré », précise le système de chiffrement en fonction du rang.

Rang 1 = z = 1 x 1 = 1 ;

Rang 2 = y = 2 x 2 = 4 ;

Rang 3 = x = 3 x 3 = 9 ;

Rang 4 = w = 4 x 4 = 16.

« ARNAUD » donne « 979 » soit, 1 + 324 + 196 + 1 + 441 + 16 = 979, avec pour valeur ordinale 9 + 7 + 9 = 25 = 2 + 5 = 7

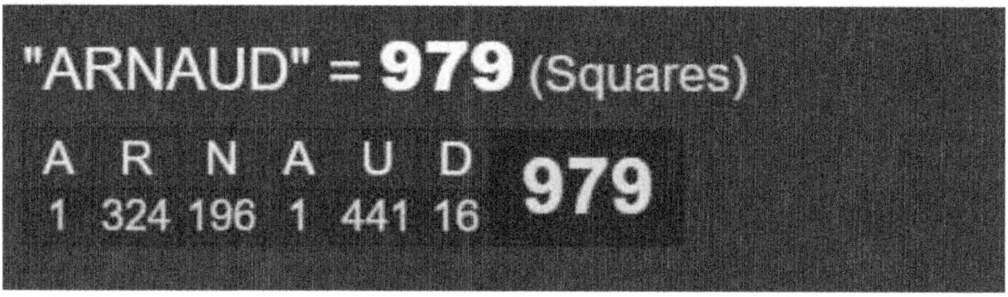

—Parfait fils !

—Il y a combien de méthodes Pap ?

—J'en connais une petite quarantaine.

—Mais ça sert à quoi ?

—Cette approche permet d'identifier des coïncidences, voire de calculer leurs indices. Souviens-toi ce que disait Albert Einstein *La coïncidence est la voie de Dieu pour rester anonyme*.

—Et s'il y a beaucoup de coïncidences, cela s'appelle une évidence. Mais pourquoi utiliser une méthode plus qu'une autre ?

—Au départ je ne sais pas quelle technique choisir, je fais des essais pour trouver des coïncidences entre plusieurs mots qui ne prêtent pas à interprétation, ou à une date, comme celle de naissance, etc. Par exemple : WUHAN P4, Covid-19 – BAT, RÉPUBLIQUE POPULAIRE DE CHINE, Shi Zhengli, sont chiffrés 38. On ne peut pas nier qu'il y a un indice de coïncidence élevé entre ces mots clés.

9.

DEEP STATE (État profond)

Les Jeux olympiques de Tokyo sont reportés « au plus tard à l'été 2021 ». Décision absolument historique : il s'agit du premier report en dehors d'une période de guerre depuis la première édition en 1896.

Jusqu'ici tout va bien…

****

Arnaud n'a pas pu s'empêcher de faire des recherches sur Internet pour en savoir plus sur « Deep State » traduit en français par «État profond ».

—Coucou fils, ça va ? Bien dormi ?

—Tu me demandes si j'ai bien dormi avec les horreurs que tu m'as racontées sur le 38 et le 83 et ton Deep State. Mais je sais tout.

—Ah bon, dis-moi ?

—Deep State ou État profond n'a pas de nom, pas de visage, pas de parti, et pourtant il gouverne les États-Unis, La France, l'Angleterre, l'Allemagne, c'est-à-dire le Monde entier.

—Le « Deep State » renforce la puissance des 70 personnes les plus puissantes du monde.

—C'est Bill Gates en couverture !

—AH bon ? Je n'avais pas reconnu fils !

—C'est ça.

—Le titre de Forbes, THE WORLD'S 70 POWERFUL PEOPLE est chiffré 6161.

—Et alors ?

"THE WORLD'S 70 MOST POWERFUL PEOPLE" = **6161** (Squares)

T	H	E		W	O	R	L	D		S		7	0		M	O	S	T	
400	64	25	489	529	225	324	144	16	1238	361	361	7	0	7	169	225	361	400	1155

P	O	W	E	R	F	U	L		P	E	O	P	L	E		
256	225	529	25	324	36	441	144	1980	256	25	225	256	144	25	931	**6161**

—Et alors ?

—Un nombre double est un signe. En l'occurrence, il suffit de regarder de près ce qui se cache derrière le nombre 61.

Cette ÉLITE GLOBALE qui possède pas moins de 3,5 milliards d'êtres humains se réunit chaque année au forum de Davos en Suisse, afin de fixer la feuille de route du monde.

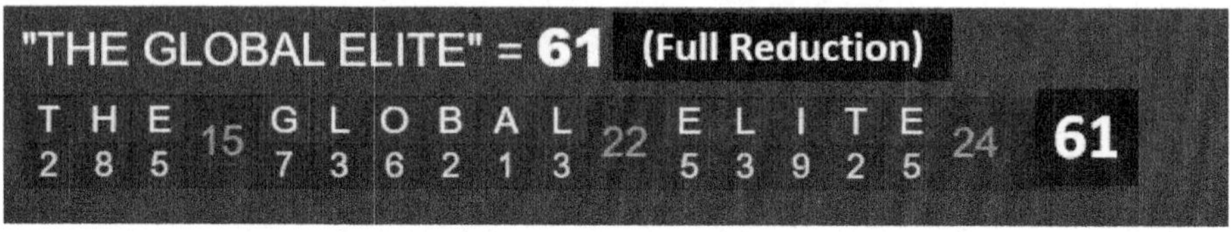

—Waouh ! C'est chiffré 61 ! C'est quoi La feuille de route du monde, Pap ?

—C'est simple, c'est là où devra aller le monde pour que ces 70 super-riches soient encore plus riches, fils.

—Ce sont eux qui le contrôle et pas les présidents, c'est ça ?

—Oui fils et tout se décide à Davos, chiffré 61.

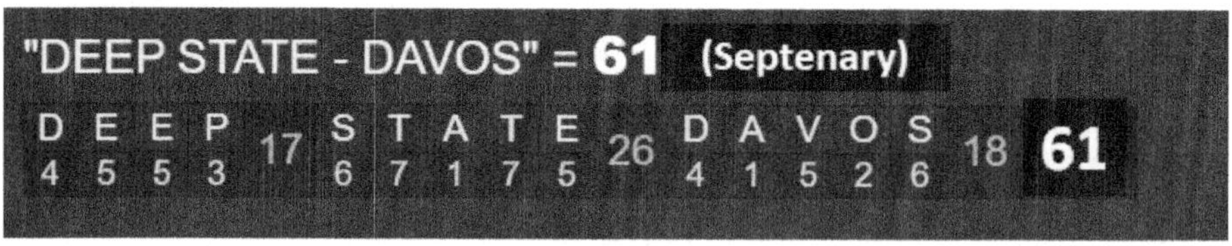

—Le fameux nombre du docteur Shi Zhengli le cheval de Troie ?

—À dire vrai je n'en ai aucune idée, par contre je sais que le coronavirus a été manipulé à Wuhan. C'est l'une des phases de l'opération VIRUS 38, pour mettre en œuvre l'AGENDA 21 !

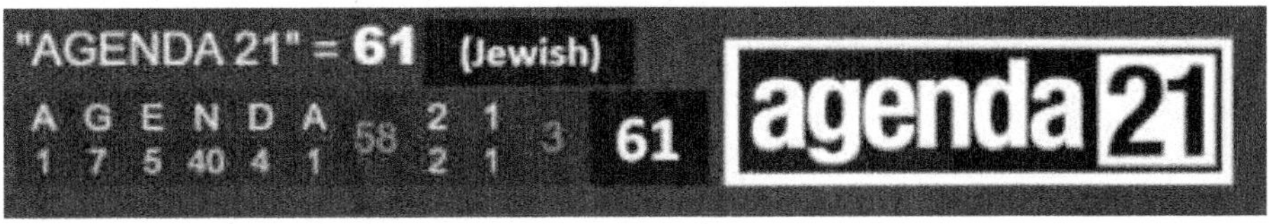

—C'est quoi l'AGENDA 21, Pap ?

—C'est la nouvelle gouvernance du monde. Et il faut bien l'avouer, ils l'ont bien préparé leur coup. Le 17 février 2017, Bill Gates a été invité à la conférence sur la sécurité à Munich.

—Et alors ?

—Que penses-tu des extraits de son discours disponible sur la page de sa fondation ? *Imaginez si je vous disais que quelque part dans ce monde, il y a une arme qui existe - ou qui pourrait émerger - capable de tuer des dizaines de milliers, voire des millions de personnes, de paralyser les économies et de jeter les nations dans le chaos.* https://www.gatesfoundation.org/Media-Center/Speeches/2017/05/Bill-Gates-Munich-Security-Conference

—Waouh !

—Tu en veux d'autres, fils ?

—Ben oui !

—Que penses-tu de celui-ci ? *Telle est la situation à laquelle nous sommes confrontés aujourd'hui avec les menaces biologiques. Nous ne savons peut-être pas si cette arme est fabriquée par l'homme ou est un produit de la nature. Mais une chose dont nous pouvons être presque certains, une pandémie mondiale extrêmement meurtrière se produira au cours de nos vies.*

— À croire qu'il avait prévu la pandémie ?

— C'est sans doute pour cela qu'il a créé de nombreux organismes, comme la CEPI dont il fait référence dans son discours. *L'occasion est maintenant d'étendre cette coopération à la préparation d'une pandémie. Nous avons pris un bon départ en matière d'innovation avec le lancement du CEPI.*

— C'est quoi la CEPI ?

—La CEPI (CEPI = Coalition for Epidemic Preparedness Innovations - Coalition pour les innovations en matière de préparation aux épidémies) a été officiellement créée à l'occasion du forum économique mondial de Davos en 2017.

La CEPI a été dotée d'un fonds de 460 millions de dollars américains par la fondation Bill et Melinda Gates, la fondation Wellcome Trust et par un ensemble de pays, en particulier la Norvège, le Japon et l'Allemagne.

— Sympa Pap, il est venu faire la promotion de sa boîte. Et comme par hasard, CEPI – BILL GATES est chiffré 61. Il n'y a pas de hasard. Le candidat vaccin de Moderna, baptisé mRNA-1273, a été développé avec le soutien de CEPI.

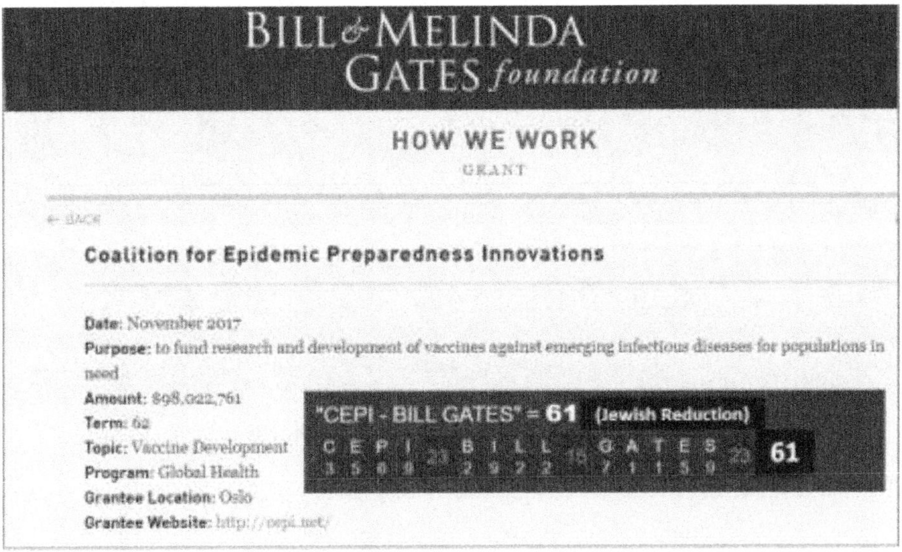
BILL & MELINDA GATES foundation

HOW WE WORK

GRANT

Coalition for Epidemic Preparedness Innovations

Date: November 2017
Purpose: to fund research and development of vaccines against emerging infectious diseases for populations in need
Amount: $98,022,761
Term: 62
Topic: Vaccine Development
Program: Global Health
Grantee Location: Oslo
Grantee Website: http://cepi.net/

"CEPI - BILL GATES" = 61 (Jewish Reduction)

61

— Un dernier extrait fils. *Lorsque la prochaine pandémie frappera, cela pourrait être une autre catastrophe dans les annales de la race humaine.*

Ou cela pourrait être autre chose. Un triomphe extraordinaire de la volonté humaine. Un moment où nous prouverons une fois de plus qu'ensemble, nous sommes capables de relever les plus grands défis mondiaux pour créer un monde plus sûr, plus sain et plus stable.

En fin de compte, le choix nous appartient.

— Le choix nous appartient ? Elle est bonne celle-là !

— N'as-tu rien remarqué sur le 17 février 2017, la date de la conférence à Munich ?

— Pourquoi il y a quelque chose, Pap ?

— Juste une petite coïncidence : (17) + (02) + (20) + (17) = 56 et...

—Et ?

—Et CORONAVIRUS et son code Ra4991 - RaTG13 sont chiffrés 56.

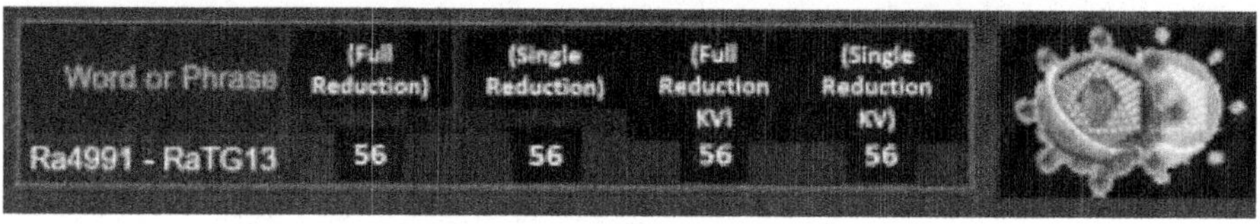

—Waouh ! Et tu appelles ça une petite coïncidence ?

— Et si on continuait, fils ? Ils ont organisé plusieurs exercices de simulation de pandémie. « Crimson Contagion » était un entraînement mené de janvier à août 2019, afin de tester la capacité du gouvernement fédéral et de douze États à répondre à une grave pandémie originaire de Chine.

Le scénario prévoyait des touristes revenant de Chine qui propageraient un virus respiratoire aux États-Unis à partir de la ville de Chicago.

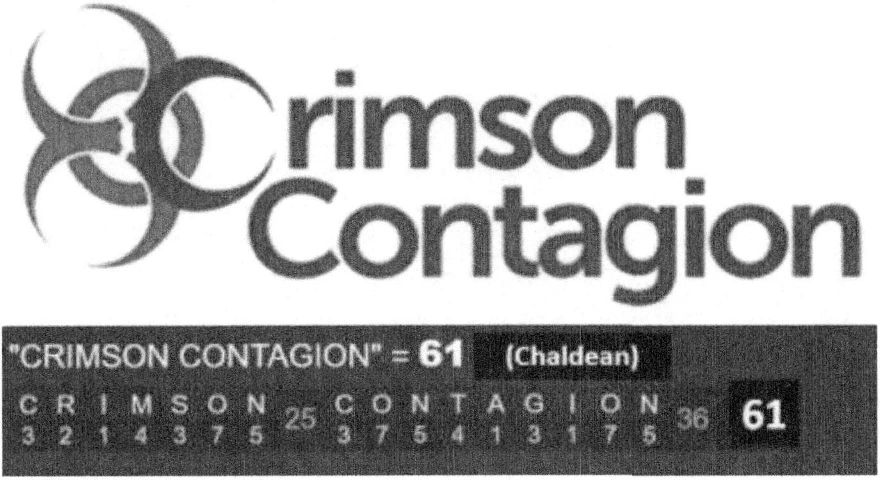

—C'est qui « ils » ?

—Les 70 plus grands dictateurs fils ! Le 18 octobre 2019, la fondation Bill et Melinda Gates a organisé à New York un exercice de simulation d'une pandémie mondiale le même jour que celui de l'ouverture des Jeux olympiques militaires à Wuhan, intitulée EVENT 2O1 chiffré 108, donc 18, en sachant que 61 est le 18ième nombre premier. EVENT 2O1 est donc chiffré 18 et 61.

—Un deuxième exercice la même année ?

—Oui fils, cet exercice a été planifié par DEEP STATE à DAVOS chiffré 61, et a fait l'objet d'une communication sur le site internet de World Economic Forum.

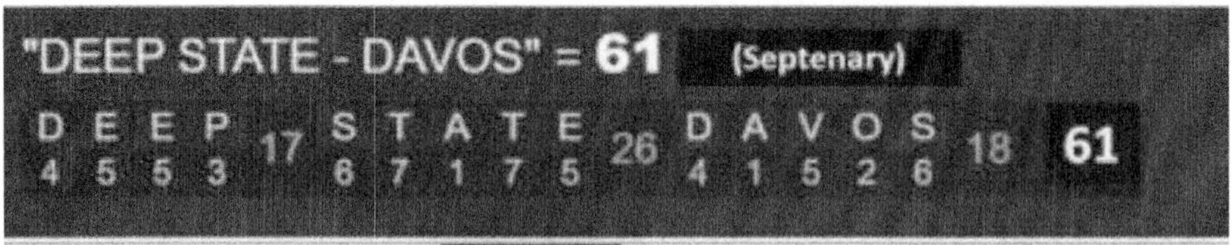

Live Simulation Exercise to Prepare Public and Private Leaders for Pandemic Response

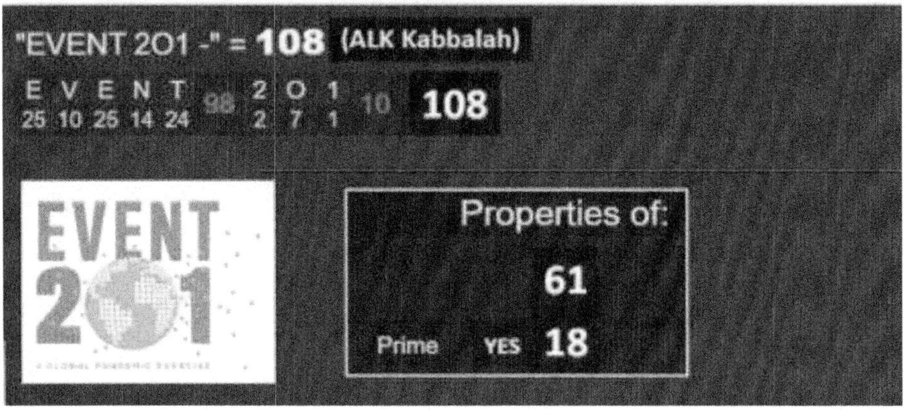

—Pap, nous ne sommes que des marionnettes entre les mains du DEEP STATE.

—Mais c'est chiffré 283, Pap ?

—Ah bon j'ai écrit çà moi ? Ah, oui je me souviens pourquoi. C'est parce que 283 est le 61ième nombre premier, donc ces deux nombres sont liés.

Properties of:

283

Sequence	Position
Fibonacci	(13th) 233 - 283 - 377 (14th)
Triangular	(23rd) 276 - 283 - 300 (24th)
Prime	Yes - 61st

—J'ai compris pour trouver les coïncidences, tu chiffres des mots clés et tu utilises les relations entre les nombres, comme 283 et 61.

—Exact fils, mais pas que.

—Tu me dis Pap comment tu fais ?

—Patience fils, patience. Peux-tu me fournir la date d'apparition de ce virus en Chine ?

—Trop facile Pap :

- ✓ Le 31 décembre 2019, les autorités chinoises préviennent le bureau de l'OMS en Chine, qu'un cas de pneumonie inconnue est détecté à Wuhan.
- ✓ Du 31 décembre 2019 au 3 janvier 2020, un total de 44 patients atteints de cette pneumonie d'étiologie virale est signalé à l'OMS par les autorités chinoises.
- ✓ Le 7 janvier 2020, celles-ci informent qu'il s'agit d'un nouveau type de coronavirus.
- ✓ Le 11 mars 2020, l'OMS déclare que la flambée de la Covid-19 constitue une pandémie. 2020 est l'année du rat selon le calendrier chinois (25 janvier 2020 au 11 février 2021).

Et, YEAR OF THE RAT est chiffré 61 dans 4 méthodes.

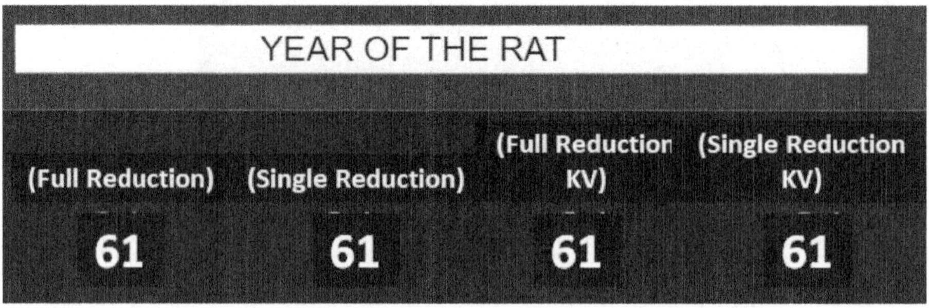

—Excellent fils. Maintenant que tu maîtrises le chiffrement de mots, peux-tu identifier des coïncidences avec les nombres 283 et 61 ?

—Waouh, la date de l'annonce d'un cas de pneumonie inconnue en Chine, est également chiffrée 61 ! C'est incroyable, le Deep State avait planifié la date ?

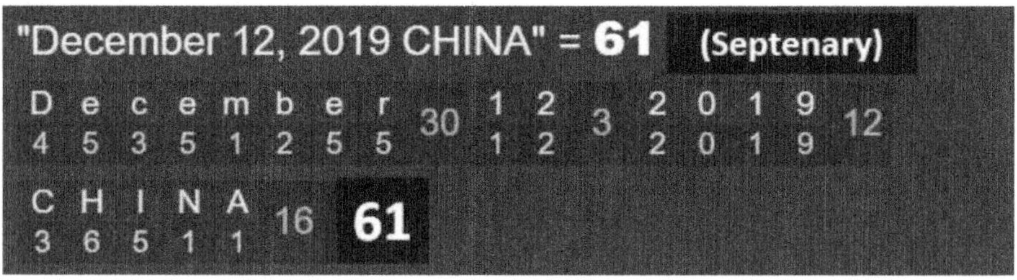

—*Dieu ne joue pas aux dés*, disait Einstein. C'est tout, fils ?

—C'est incroyable les coïncidences Pap, Coronavirus est aussi chiffré 61 et 283 !

— *La coïncidence est la voie de Dieu pour rester anonyme*, disait encore Einstein.

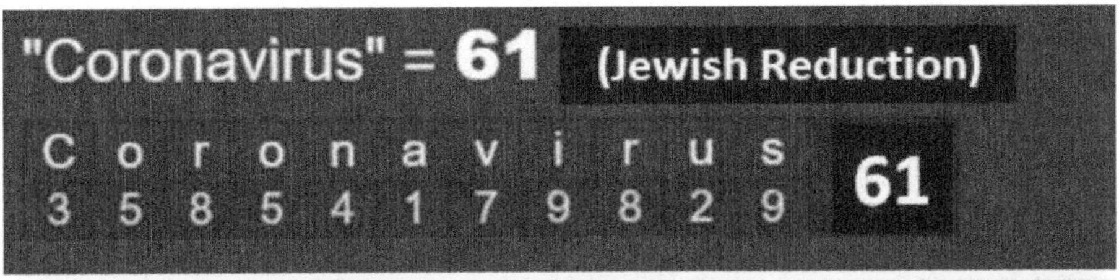

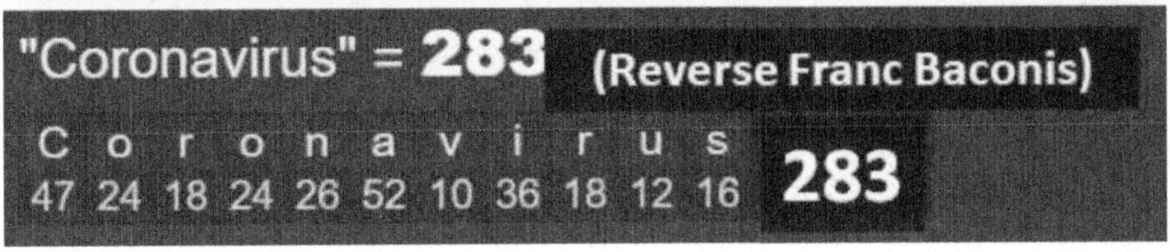

—Et lorsqu'il y a de nombreuses coïncidences, cela s'appelle une évidence. C'est ça Pap ?

—Exact fils. Bon c'est tout ce que tu as trouvé ?

—Patience Pap. Patience. COVID-19 – BAT – WUHAN est chiffré 283. La boucle est bouclée !

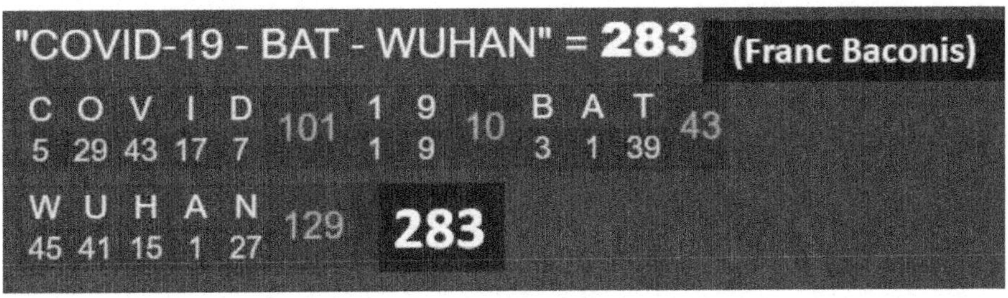

—Pas mal fils. Pas mal. Mais la boucle comme tu dis n'est pas encore bouclée.

—Et tu vas encore me dire que le meilleur est pour la fin !

—Tu me l'as enlevé de la bouche. Tu la trouves comment l'image qui illustre le coronavirus et que l'on retrouve sur toutes les chaînes de télévision ?

—Celle avec les pustules de couleur rouge ? Elle fait peur cette image !

—L'image, sans copyright, a été créée par Alissa Eckert et Dan Higgins, deux illustrateurs du CDC (Centers for Disease Control and Prevention).

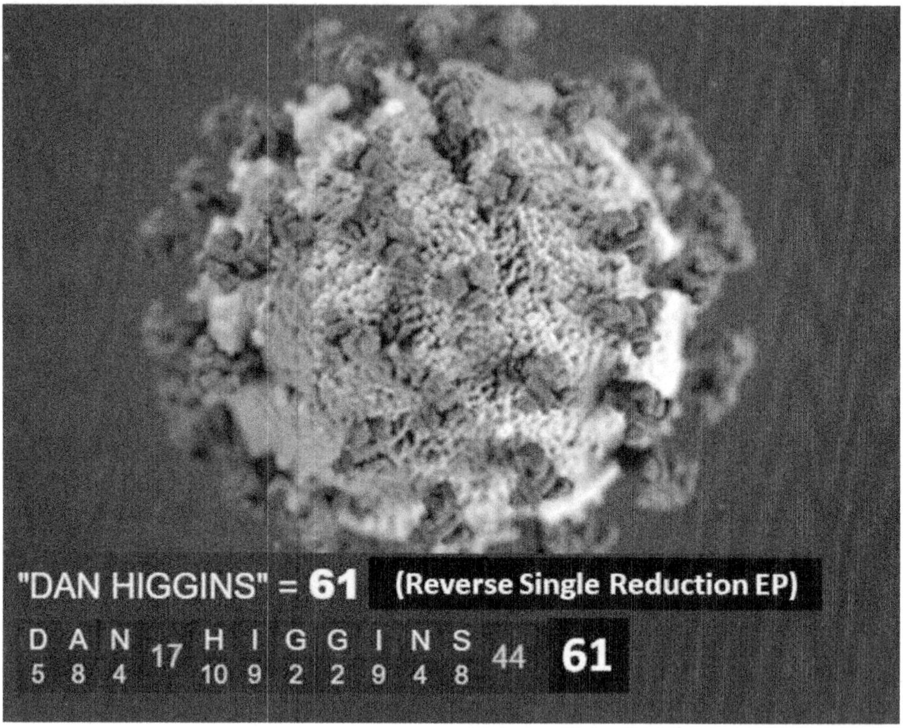

—Waouh, ils n'ont rien laissé au hasard !

—*Le hasard n'est que la mesure de notre ignorance*, fils.

—Encore lui !

—Oui encore une citation d'Albert Einstein. Mais en voici une qui reflète bien la situation. *Le hasard dans certains cas, c'est la volonté des autres*. Alfred Camus.

—Je préfère celle de Voltaire, Pap. *Il n'y a point de hasard ; tout est épreuve, ou punition, ou récompense, ou prévoyance*.

—Et si on continuait l'analyse, fils ? Tu as noté que EVENT 2O1 a été organisé le 18 octobre 2019 par la FONDATION BILL et MELINDA GATES, chiffrée 283 qui est le 61ième nombre premier. EVENT 2O1 avec « O » comme Oméga !

—Oméga, pour la fin de notre ancien monde ?

—As-tu remarqué fils, que CORONAVIRUS et EVENT TWO O ONE sont chiffrés 56 ?

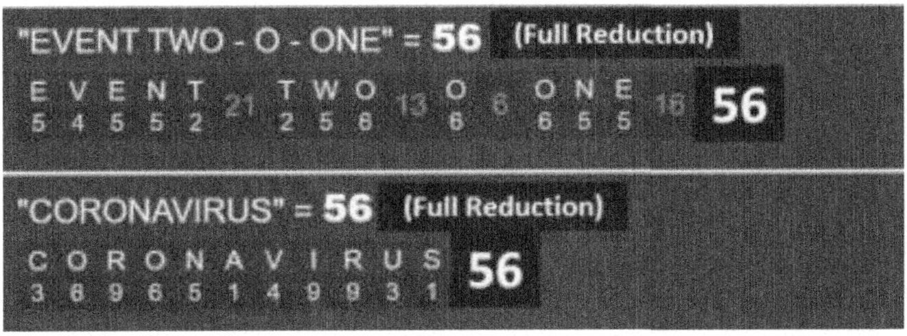

—Belles coincidences, Pap.

—Tu n'as sans doute pas vu non plus que AGENDA 21 et EVENT 2O1 sont chiffrés 61 et que le docteur Avril Haines membre de la Commission nationale des services militaires, ancienne directrice adjointe de la Central Intelligence Agency et consultante juridique auprès du Conseil National de Sécurité faisait partie des invités à cet événement.

En fait, la CIA est d'une part le maître d'œuvre du Deep State aux États-Unis, et d'autre part, le maître d'ouvrage, par l'implication de ses agents dans les grottes de chauve-souris près de Wuhan. CENTRAL INTELLIGENCE AGENCY – DEEP STATE est chiffré 6001, et comme tu sais désormais que les zéros ne comptent pas, cela fait 61.

"CENTRAL INTELLIGENCE AGENCY - DEEP STATE" = **6001** **(Reverse Trigonal)**

C	E	N	T	R	A	L		I	N	T	E	L	L	I	G	E	N	C	E	
300	253	91	28	45	351	120	1188	171	91	28	253	120	120	171	210	253	91	300	253	2061

A	G	E	N	C	Y		D	E	E	P		S	T	A	T	E		
351	210	253	91	300	3	1208	276	253	253	66	848	36	28	351	28	253	696	**6001**

—La CIA, c'est l'État dans l'État, c'est ça Pap ?

—Pour la grandeur de l'Amérique et pour le « bonheur » du monde fils. Ah mince, j'allais oublier. Il y a eu un autre exercice de simulation d'une pandémie mondiale réalisé le 15 mai 2018. CLADE X était un exercice de modélisation de la pandémie par le Center for Health Security de l'Université Johns Hopkins, avec comme hypothèse 900 millions de décès simulés.

—Rien que ça ?

—Pourrais-tu faire quelques chiffrements, fils ?

—J'ai commencé. Il n'y a pas de 38, 83, 283, 61. Rien de rien.

—Tu en es sûr ? Pourtant CLADE X – DEEP STATE est chiffré 61.

"CLADE X - DEEP STATE" = **61** **(Septenary)**

C	L	A	D	E		X		D	E	E	P		S	T	A	T	E		
3	2	1	4	5	15	3	3	4	5	5	3	17	6	7	1	7	5	26	**61**

—Ce n'est plus une évidence c'est un fait que DEEP STATE est derrière tout ça et que tout a été bien préparé.

—Et oui fils. Tu pourrais me dire si 61 est un nombre premier ou un nombre d'un autre type (nombre de Fibonacci...).

—61 est le 18ième nombre premier Pap.

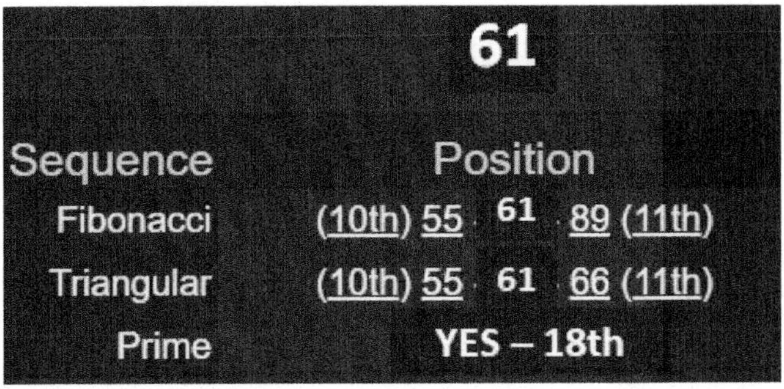

—C'est tout fils ?

—CLADE X est noté 18, CHINA est noté 18, WUHAN est noté 18 ! Avoue que tu le savais Pap ?

—Tu en as oublié fils. LIES (mensonges) est chiffré 18... WAR (guerre) est chiffré 18... TEARS (larmes) est chiffré 18

—La guerre entre la Chine 38 et les USA 83 ?

—Taïwan est chiffré 18, fils...

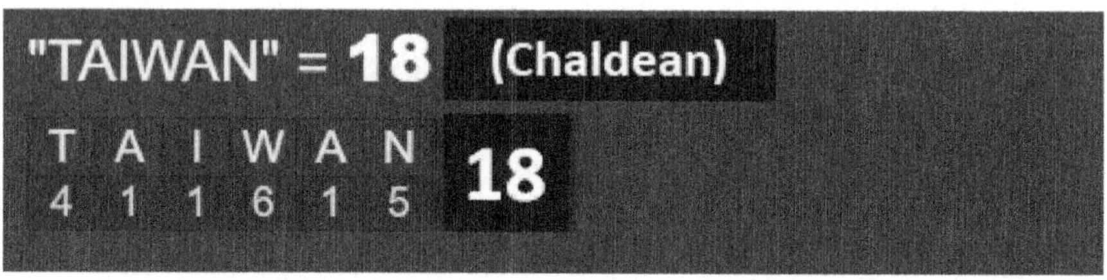

—Mais une guerre ne pouvait pas être le plan de DEEP STATE ?

—C'est beau l'innocence de la jeunesse. Le vendeur d'armes saoudien Adnan Erst est l'un des hommes les plus riches du monde. Dans les années 1980, William Casey, le directeur de la CIA sous la présidence Reagan – contourna l'agence pour financer la guerre secrète contre les Soviétiques en Afghanistan. Pour ce faire, il eut recours aux services de la BCCI (Bank of Credit and Commerce International), une multinationale bancaire corrompue et impliquée dans le trafic de drogue global, qui était enracinée au Pakistan, au Luxembourg, en Arabie saoudite, ainsi qu'à Abou Dhabi. Plus récemment, des éléments du DEEP STATE américain, notamment la puissante entreprise de services pétroliers Halliburton , se sont mis à l'abri de la supervision des autorités US en délocalisant leurs sièges sociaux dans les capitales moins régulées du golfe Persique. De même le DEEP STATE est étroitement lié à la prétendue guerre contre le terrorisme, lancée par George W. Bush en 2001, et menée avec la coopération de l'Arabie saoudite, du Qatar et du Pakistan. Or, les élites de ces trois pays ont été les principaux soutiens financiers et politiques des réseaux jihadistes que les États-Unis sont censés combattre. Le DEEP STATE américain tient en deux mots : PERPETUAL WAR (perpétuelle guerre), le tout chiffré 1008.

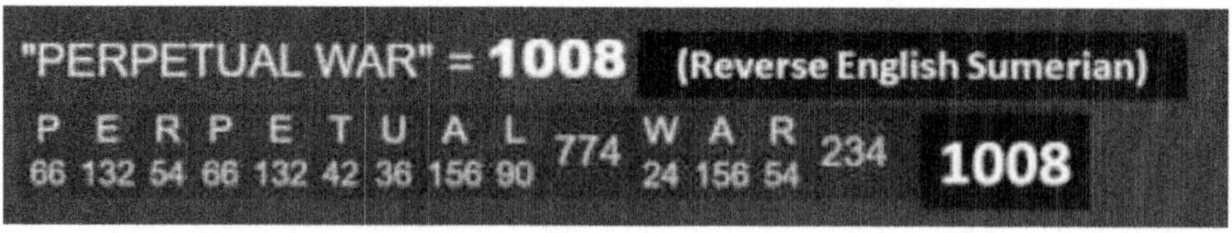

—Mais cette fois c'est grave Pap. Cela me fait penser à un film catastrophe sur la fin du monde.

—Je ne sais pas si c'est la fin de la planète bleue, par contre je sais que le Deep State a pour objectif de faire THE GREAT RESET.

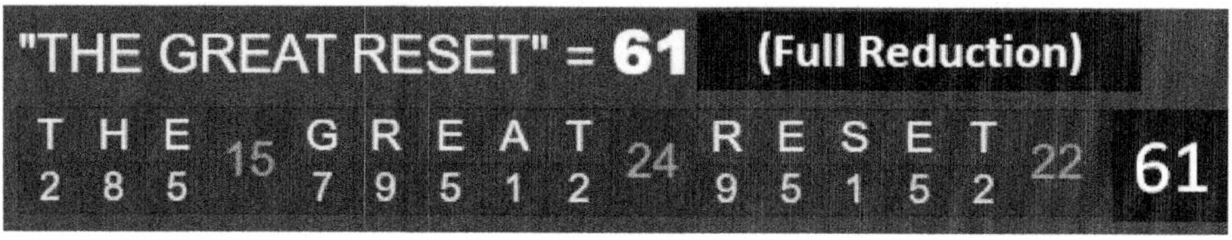

—Waouh ! C'est quoi le Grand Reset Pap ?

—Chiffre la date de publication fils.

—Je ne le crois pas ! TIME, NOVEMBER 2020 est chiffré 61 ! Tout est vrai alors, ce n'est pas juste un jeu entre toi et moi ?

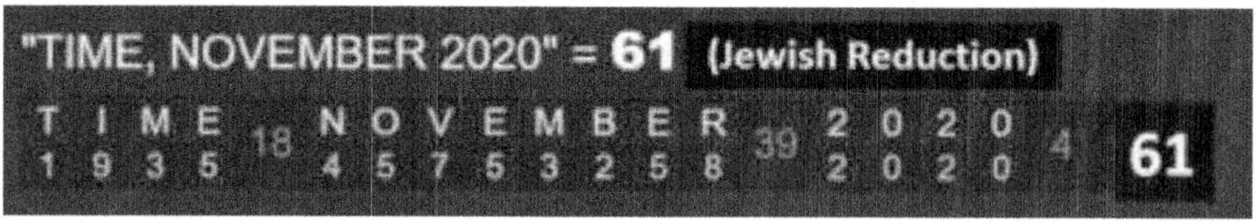

—Je n'ai plus le temps de jouer fils.

—Tout est vrai c'est ça ?

—Tout est vrai ! DEEP STATE – GREAT RESET est chiffré 18 et tu sais ce que signifie ce nombre.

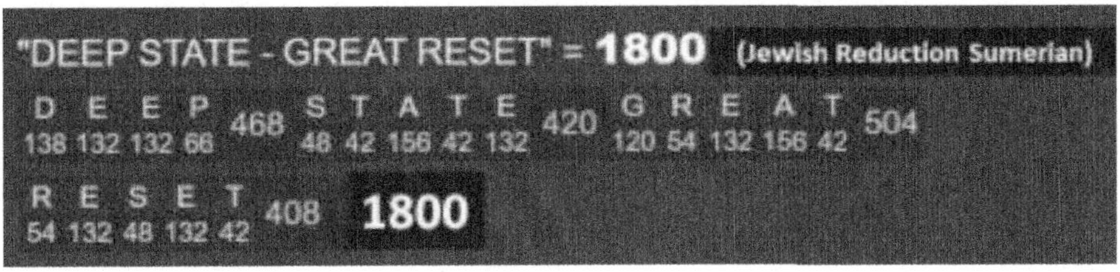

—Oui, oui je sais, le 18 est associé au 61, lui-même associé au 283. Mais c'est quoi ce GRAND RESET ?

—Le Grand Reset fils, c'est

- ✓ Diffuser une propagande négative concernant l'hydroxychloroquine et le «Protocole de Zelenko» ainsi que des études frauduleuses ou mal conçues.
- ✓ Instaurer la peur en diffusant 24 h / 24 des messages alarmistes sur l'évolution de la Covid-19 ;
- ✓ Contrôler nos esprits, nos pensées, nos désirs, nos comportements et nos croyances en obligeant la population à porter un masque, en instaurant un couvre-feu, en obligeant les commerces à fermer, etc.
- ✓ Contrôler nos finances en mettant en place la cryptomonnaie ;
- ✓ Réduire la population en diffusant un virus mortel et en obligeant la population à se faire vacciner. Et sur cet objectif le 83 a une longue expérience.
- ✓ Remplacer notre travail par l'intelligence artificielle en déployant de plus en plus de robots ;

- ✓ Générer des *Fake news* à grande échelle pour produire un flux d'argent qui remplira leurs poches en faisant croire qu'un virus va tuer des millions de personnes ;
- ✓ Le GREAT RESET c'est le GROUND ZERO MONDIAL.

—Je ne comprends pas Pap ?

— C'est beau l'innocence fils. Lors d'une interview à Fox News, le sénateur du Minnesota Scott Jensen, également médecin, a révélé que l'AMA (American Medical Association) encourageait les médecins à surcompter les décès suite à la Covid-19.

—Mais pourquoi ?

—Le sénateur a clairement expliqué que « l'assurance maladie » verserait 13 000 dollars à un patient admis à l'hôpital infecté par le Covid-19 et 39 000 dollars s'il était placé sous ventilateur.

— Je comprends pourquoi les États-Unis ont le plus grand nombre de personnes diagnostiquées Covid-19 !

— Et ce n'est pas tout. Scott Jensen a affirmé devant les médias locaux qu'il avait reçu une directive du département de la Santé du Minnesota pour inscrire Covid-19 comme cause d'un décès sur les certificats, même si les patients n'avaient jamais été testés comme tels.

Qu'une personne fasse une chute mortelle d'une échelle pendant le confinement ou qu'elle soit renversée par un bus, il sera noté sur son certificat : « décès suite au Covid-19 ! »

— Donc plus il y de personnes sous ventilateur, plus il y a de l'argent.

— Exact fils, et plus il y a de personnes dans ce cas, plus la peur s'installe.

— C'est l'un des objectifs du DEEP STATE.

—Ils ne se contentent pas de placer une partie de la population mondiale sous oxygène. Ils se moquent également de nous !

— L'un de leurs derniers ventilateurs s'appelle IVent201 !

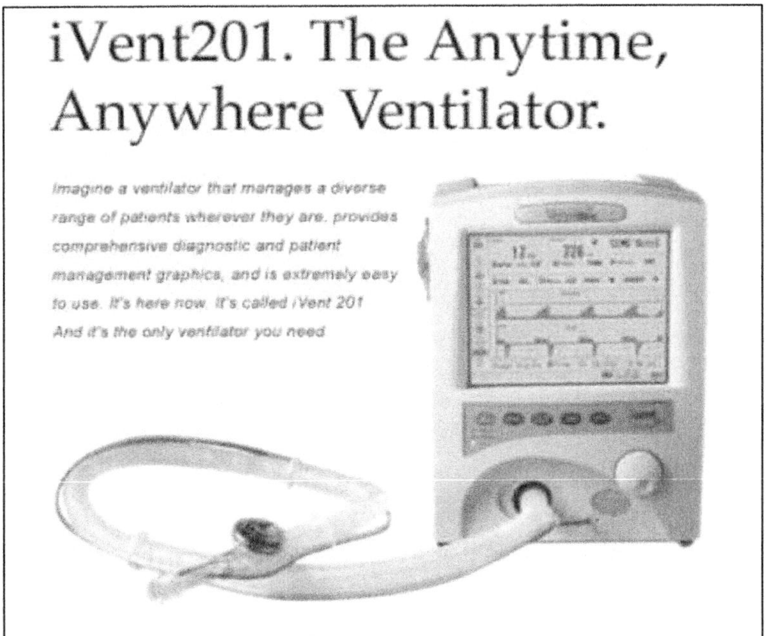

— IVent201 comme EVENT2O1 ? C'est dingue cette histoire Pap !

— Ils n'ont aucune limite fils. Le monde leur appartient depuis des siècles. DEEP STATE – CORONAVIRUS IVENT201 est chiffré 1008.

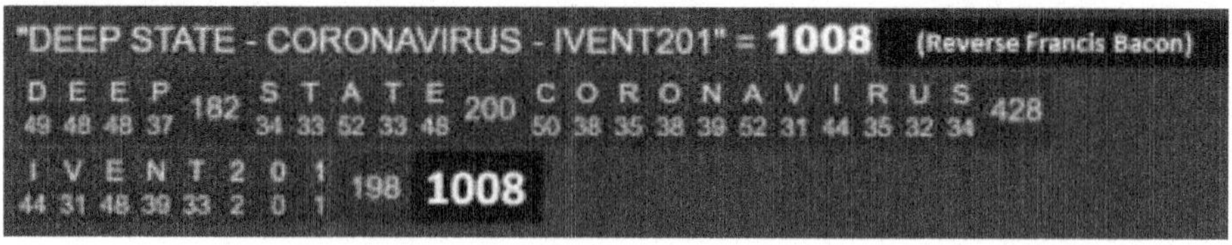

— Ils vont perdre, car bientôt il y aura un vaccin contre la Covid-19, Pap.

— Le vaccin contre ce virus ? Oh fils, que c'est beau l'innocence de la jeunesse.

— Comment ça ? Dis-moi pourquoi le 83 a une longue expérience sur la réduction du nombre d'habitants sur terre. Auschwitz n'a jamais été sur le sol américain Pap !

— Cherche, non trouve fils ! Pour moi ce sera une partie de quille avec des amis que je n'ai pas revus depuis longtemps.

10.

La peste se propage par ceux qui ne savent pas la vérité.

21 571 « morts » du Covid-19 sur « terre ».

Jusqu'ici tout va bien...

En Espagne, le virus a causé la mort de 655 personnes de plus en 24 heures ce jeudi 26 mars, dépassant le seuil de 4 000 décès dans le pays, 4 088 à présent. C'est le quatrième pays le plus touché dans le monde par cette pandémie.

Jusqu'ici tout va bien...

Au Royaume-Uni, on recense 467 morts et 9 640 testés positifs à la Covid-19.

Jusqu'ici tout va bien...

Aux États-Unis, la situation continue de se dégrader. Elle est actuellement de 69 197 cas détectés et le nombre de décès est de 1046, les plaçant désormais comme le 3ième pays le plus atteint au monde.

Jusqu'ici tout va bien...

En Italie, après une amorce de baisse durant deux jours, donnant de l'espoir aux habitants, le bilan est reparti à la hausse depuis hier avec 743 décès en 24 heures.

Ce qui porte le nombre de disparus à 7 503 depuis le début de l'épidémie pour 74 386 cas recensés.

Jusqu'ici tout va bien...

En France, le confinement devrait se poursuivre pour 6 semaines au moins selon de Conseil scientifique créé pour lutter contre l'épidémie. Dans le dernier communiqué des autorités sanitaires le mercredi 25 mars 2020, le bilan est de : 25 233 personnes infectées par la Covid-19 dont 1 331 décédées soient 231 supplémentaires en 24 heures. 86% avaient plus de 70 ans. On ne recense pas moins de 2 827 cas graves en réanimation. Un tiers des patients a moins de 60 ans et 59% entre 60 et 80 ans. 3 900 personnes sont sorties guéries de l'hôpital.

Mercredi 25 mars 2020, Emmanuel Macron annonce le lancement de « l'opération Résilience ».

Distincte de l'opération Sentinelle qui continue de se concentrer sur la lutte contre le terrorisme, cette nouvelle opération militaire aura pour mission de soutenir les populations et d'appuyer les services publics, notamment dans les domaines sanitaires, logistiques et ceux de la protection pour lutter contre l'épidémie de la Covid-19.

Jusqu'ici tout va bien...

Emmanuel Macron, « déboussolé », a appelé le professeur Didier Raoult. Résultat : l'hydroxychloroquine sera finalement intégrée dans le grand essai européen lancé en urgence ce lundi.

Les premières conclusions sont attendues d'ici quinze jours.

Jusqu'ici tout va bien...

En Allemagne, le bilan s'alourdit. Le gouvernement déclare près de 5 000 nouveaux cas et une hausse d'un tiers de son nombre de morts, passé à 198. Le nombre de cas confirmés de contamination au coronavirus atteint désormais 36 508.

****

Arnaud se précipite vers sa mère, qui est allongée sur le divan, la tête en arrière, la bouche grande ouverte et les yeux dans le vide.

—Mam ! Mam !

Elle le regarde l'air hagard.

Pendant qu'elle lui parle, il touche son front et prend son pouls.

—C'est rien. J'ai dû attraper un coup de froid. J'ai mal partout. Peux-tu m'apporter la couverture qui est sur mon lit, s'il te plaît.

Après l'avoir allongée, posé un oreiller sous la tête, il la recouvre d'un plaid, et compose le numéro de téléphone inscrit sur les papiers qu'on lui avait remis à l'hôpital.

La consigne était claire, au premier signe de fatigue, de frisson, de sueur sur le front appelez vite le 15, sans passer par votre médecin traitant.

Votre risque d'être contaminé par la Covid-19 est élevé du fait que vous ayez été en contact avec une personne infectée.

Après avoir téléphoné au SAMU et décrit la situation, il attend leur venue, en passant des compresses d'eau tiède sur le front de sa mère.

Il savait depuis le début que cela finirait ainsi, qu'ils seraient tous les deux infectés. Il se souvient encore de ce que lui a dit son ordinateur de père, juste avant qu'il ne le ferme « retourne voir ta mère elle va avoir besoin de toi… ». Il le savait.

Il n'y a pas de hasard que des rendez-vous avec la Covid-19.

Et dire qu'il venait juste d'envoyer un message à Jade pour la faire sourire.

« Mauvaise humeur,

Difficulté à rester concentré,

Difficulté à dormir,

Difficulté à communiquer,

Confiné le samedi soir

Ce n'est pas la Covid-19, Jade

Ce sont les symptômes d'un manque d'argent !!!

Ça s'appelle la « POCHVID-20 ».

Pas malin, ah non pas malin du tout, se dit-il en observant sa mère qui respirait de plus en plus difficilement.

****

Moins de dix minutes après le coup de fil au SAMU une équipe de trois personnes, un médecin, un infirmier et un ambulancier, en surchaussures, combinaisons, lunettes, charlottes, gants, masques FFP2 sur le visage, procède aux premiers examens sur sa mère.

En regardant le médecin, il comprend immédiatement que son état est critique et nécessite une hospitalisation en urgence :

- ✓ Polypnée (fréquence respiratoire > 22/min) ;
- ✓ Oxymétrie de pouls (Sp02) < 90% en air ambiant ;
- ✓ Pression artérielle systolique < 90 mHG ;
- ✓ Altération de la conscience, confusion dans le questionnement ;
- ✓ Déshydratation.

Pendant que l'infirmier pose un masque à oxygène sur le visage de sa mère, l'ambulancier va chercher un brancard dans son véhicule stationné devant l'entrée de l'immeuble.

Vous ne pouvez pas nous accompagner lui précise le médecin qui lui demande de surveiller sa température deux fois par jour pendant 14 jours minimum et si celle-ci venait à être de 38 degrés de contacter le SAMU.

—Je veux lui dire au revoir et vous ne m'en empêcherez pas !

Le praticien regarde Arnaud, il sait que c'est sans doute sa destination finale.

—Bien sûr, vous pourrez l'embrasser, mais ne traînez pas dans le quartier. Évitez de sortir pendant 2 semaines ; faites-vous livrer le nécessaire par un ami, un voisin. Une dernière chose, désinfectez à l'eau de javel tout votre appartement, petites cuillères comprises.

Et lavez tout votre linge à 90 degrès. Tenez, voici un livret pour les recommandations à suivre dès à présent.

Arnaud s'approche du brancard avant qu'il ne soit chargé dans l'ambulance.

—Je t'aime Mam. Je t'aime Maman.

À travers le masque à oxygène, il devine son sourire. Il essaie de lui prendre la main sans succès, l'un des infirmiers le retenant par le bras.

Arnaud regarde s'éloigner l'ambulance en suivant le gyrophare des yeux.

La vie ressemble à un oignon…

11.

Le hasard n'existe pas !

La France est confinée du 17 mars 2020, 12h00 au 11 mai 2020 minuit, ce qui fait fait 56 jours (contrairement aux 55 jours publiés sur Wikipidia). 17 mars 2020 – 11 mai 2020 et CORONAVIRUS sont chiffrés 56. Vous noterez également que vous êtes au chapitre 11 et 5 + 6 = 11. Croyez-vous toujours au hasard ?

https://fr.wikipedia.org/wiki/Confinements_de_2020_en_France#:~:text=Apr%C3%A8s%20une%20campagne%20sanitaire%20de,une%20adresse%20%C3%A0%20la%20nation.

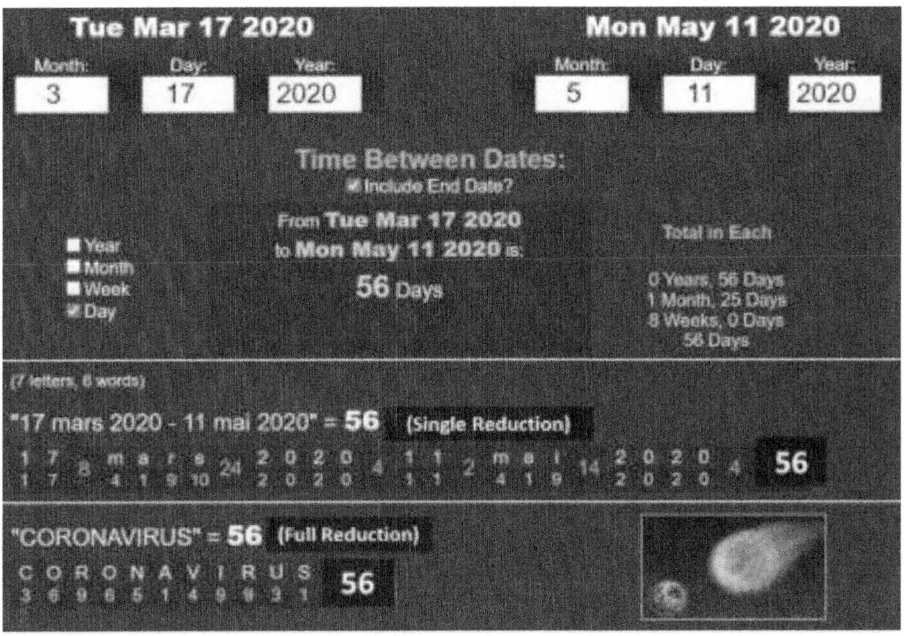

****

Seul dans l'appartement nettoyé et javellisé, Arnaud a le cœur brisé. À l'instant où il a vu l'ambulance s'éloigner, il a perdu tout espoir, même si une petite voix tout au fond de lui disait : ma maman est trop forte, elle ne peut pas mourir et me laisser. Des sentiments d'angoisse l'envahissent. L'œil rivé sur son téléphone, il attend des nouvelles de l'hôpital.

Il sait que le service des urgences où a été transportée sa mère vit une situation dramatique face à une vague croissante de patients infectés qui n'a pas l'air de vouloir s'arrêter.

C'est la fin de l'après-midi et la pièce est pratiquement plongée dans la pénombre. Dans un plateau métallique, Arnaud balance la monnaie restée dans la poche de son pantalon ; il est surpris par le cliquetis des pièces, la densité du silence brisé, par la résonance du vide.

Le temps, encore lui, semble arrêté. Il essaie en vain de joindre Jade par messagerie, mais plus aucun signe. Est-ce parce qu'il n'était pas au balcon la veille à 20h pour faire la fête aux soignants ?

Le réfrigérateur est pratiquement vide, deux tomates à côté de deux tranches de jambon blanc. Il lui reste des pommes et l'eau du robinet ne manque pas. Il sait que s'il n'arrive pas à la contacter pour lui demander de l'aide il devra se débrouiller seul.

Avoir des nouvelles rassurantes de sa mère, c'est tout ce qu'il souhaite entendre.

Jusqu'ici tout va bien... Jusqu'ici tout va bien...

En rentrant dans sa chambre, il sent comme un appel de son père via son ordinateur.

Plus triste que jamais, il l'allume, met son casque sur les oreilles après avoir choisi dans sa playlist des chansons de l'album de Enya « A day without rain ».

—Alors fils, tu as décidé d'abandonner si près du but.

—Plus envie de jouer…

—Ce n'est pas un jeu ! C'est le journal de bord que tu laisseras à la prochaine génération !

—Elle est foutue !

—Eh bien si tu ne le fais pas pour elle, fais-le pour ta mère.

La vie ressemble à un oignon…

—Tes larmes n'y changeront rien alors au travail fils, le temps qu'il me reste à partager avec toi sera bientôt terminé…

—Comment ça terminé ?

—C'est l'une des règles de l'univers pour certains, appelés « privilégiés ». Après leur départ pour l'autre côté du miroir, ils auront la possibilité de garder le contact avec une personne de leur choix, vivant sur terre, et ce pendant un temps illimité.

—C'est des conneries tout ça !

—C'est vrai, alors au travail fils, et pour une fois je vais te donner un nom, à toi de découvrir ce qui se cache derrière.

Au même moment un message de Jade arrive sur son portable. Arnaud débranche le fil du secteur le reliant à l'ordinateur, pour lui montrer qu'il a désormais d'autres priorités, comme par exemple de jouer à « Call of duty » ou à « FIFA ». Il quitte la chambre en claquant la porte derrière lui.

—Coucou Arnaud, je t'ai attendu hier sur le balcon.

—Coucou, Jade. Excuse-moi, je n'ai pas pu hier, ma mère est hospitalisée. Elle a attrapé cette saloperie de virus.

—J'ai vu le SAMU l'emmener hier. Comment va-t-elle ? Et toi ?

—Elle est en réa. J'ai téléphoné, un médecin doit me recontacter pour m'en dire plus. Moi, bof, mais ça ira. Et toi ?

—Ça va. Mon frère ne me casse pas trop les pieds pour l'instant. L'essentiel de mes cours est maintenu sur Skype, j'en profite aussi pour travailler mon CV afin de décrocher un petit job cet été. J'espère que tout sera terminé d'ici là. Je me suis découvert une nouvelle passion, j'écris de petits textes.

— Tu veux que je t'en lise un, mais défense de se moquer.

— Oui, oui et je ne me gausse jamais, sauf de moi.

— Je lis, attention on ne raille pas.

« Celui qui crée un poison peut aussi créer le remède ;

Celui qui crée un virus peut aussi créer le vaccin ;

Celui qui crée le chaos peut aussi créer la paix ;

Celui qui crée la haine peut aussi créer l'amour ;

Celui qui crée la tristesse peut aussi créer le bonheur ;

Celui qui crée l'obscurité peut aussi créer la lumière ;

Celui qui crée la peur peut aussi créer le réconfort ;

Tout problème créé par la main gauche de l'homme ;

Peut également être résolu avec sa droite ;

Celui qui a deux mains gauches

Détruisez-le. »

— Waouh, c'est trop beau.

— C'est vrai t'aime ?

— Ah oui.

— Tu fais quoi de tes journées ?

— Hier, le ciel était bleu, je le regardais.

— Cool ! Le bleu du ciel est l'une des couleurs les plus spéciales au monde.

—Ah bon pourquoi ?

—Elle est profonde et en même temps transparente.

—Tu es une vraie poétesse.

—C'est gentil. As-tu remarqué qu'au coucher du soleil, sa couleur ressemblait depuis plusieurs jours à une fleur carnivore ?

—Ou à l'ogre du crépuscule qui vient chercher les gens la nuit.

—Les portes du ciel sont grandes ouvertes depuis la pleine lune.

—Et toi que fais-tu de tes journées ?

—Moi ? J'écoute le ciel.

—Cool.

—Il te raconte quoi ?

—Que l'avenir c'est lui. Je révise aussi et dodo, en plus je ne dois plus sortir pendant quatorze jours, et je n'ai plus rien dans le frigo.

— Ah oui pas cool. Et tu vas faire comment pour te nourrir ?

— Euh... et ben je ne mangerai pas – Le plus important est de boire

— Si tu veux, je pourrais faire quelques courses pour toi.

Tu me fais une liste et dès que tu es prêt tu m'envoies un MP. Je frappe à ta porte pour la récupérer. Lorsque j'ai fini, je dépose et je toque de nouveau.

— Trop cool. Ne cours pas, tu n'as jamais aimé la restauration rapide !

— Tu dois être au moins ingénieur Pont & Chaussée pour dire ça !

— L'année prochaine, ingénieur en informatique.

— Cool. Moi je suis à la Fac à Mulhouse, je voudrais devenir prof de SVT (Sciences de la Vie et de la Terre).

— Cool, c'est trop bien.

— Tu as une copine ?

— Non, et toi ?

— Au moins 10 !

— Ah bon...

— Mais non, j'ai largué mon petit copain.

— Pourquoi ?

— Il me saoulait avec son mariage.

Arnaud lui répond par une série d'émoticônes entraînant une réponse du même genre de Jade.

— 

— 

Après plus de deux heures d'échanges, Jade rejoint les bras de Morphée, sous l'œil de Cupidon.

Arnaud n'a pas de température, mais le plus important est le SMS reçu de l'hôpital de Mulhouse juste avant de retrouver son lit : « Votre mère est sortie de réanimation. Chef du service ».

12

...Tout est écrit...

Le bilan de l'épidémie s'est de nouveau alourdi avec près de 37 000 morts dans le monde, le cap des 11 000 morts franchi en Italie, celui des 3 000 dépassé aux États-Unis, encore 812 nouveaux décès en 24 heures en Espagne et 418, un record, en France.

Jusqu'ici tout va bien...

*

Arnaud a eu des nouvelles de sa mère qui l'a informé qu'elle devrait quitter prochainement l'hôpital afin de libérer son lit, mais interdiction de retrouver son appartement, pour éviter une éventuelle rechute à son contact. Elle rejoindra sa sœur à Montbéliard dans le Doubs.

Sur son petit balcon légèrement ensoleillé, l'odeur du café se mêle au parfum de tranches de pain grillé.

Arnaud est surpris lorsqu'il entend son ordinateur émettre une série de bips, alors qu'il est certain de l'avoir coupé la veille.

Sur l'écran défile le texte Tic, le temps passe... Tic, le temps passe...

Sa tasse de café à la main, il s'assoit à son bureau, et stoppe le défilement en appuyant sur la touche « Escape ».

—C'est toi Pap ?

—On commence par dire bonjour, fils.

—Comment t'as fait ça ?

—Moi ? Mais je n'ai rien fait.

—OK, je vois.

—Belle journée fils. Où en étions-nous déjà ?

—Je te demandais pourquoi tu disais que le 83 avait une longue expérience sur la réduction de la population.

—Ah oui, je me souviens. Par contre je ne te demande pas si tu as trouvé des choses intéressantes sur le vaccin contre la Covid-19.

—Ben si j'ai trouvé des choses sympathiques, enfin façon de parler.

—Raconte fils.

—Toi d'abord Pap !

—OK fils. Sais-tu ce qu'est l'eugénisme ?

—Jamais entendu parler. Rester jeune ?

—Pas vraiment, alors regarde sur Wikipedia.

—L'eugénisme peut être désigné comme « l'ensemble des méthodes et pratiques visant à sélectionner les individus d'une population en se basant sur leur patrimoine génétique et à éliminer les individus n'entrant pas dans un cadre de sélection prédéfini » Wikipedia.

—As-tu compris ce que cela signifie ?

—Pap attend je réfléchis. C'est bon. Cela veut dire « on garde les bons et on jette les autres » !

—Il y a du vrai. Maintenant, ouvre bien tes oreilles, car pour imaginer le futur, en analysant le présent comme nous le faisons, il faut connaître le passé. Le futur est souvent une répétition du passé, dommage que les gens l'oublient. *Les amères leçons du passé doivent être réapprises sans cesse*, disait Albert Einstein.

—Encore lui !

—Bon tu es prêt à découvrir l'histoire du côté obscur de l'être humain, fils ?

—Go ! Go !

—Accroche-toi. En 1910 Charles Davenport fonde l'Eugenics Record Office (ERO) au Cold Spring Harbor Laboratory de Long Island « pour améliorer les qualités naturelles, physiques, mentales et capricieuses de la famille humaine ». Ils ont commencé par collecter des données sur les antécédents familiaux décrivant l'hérédité des traits mentaux, moraux et physiques, en mettant l'accent sur les traits indésirables. L'ORE a fonctionné pendant trois décennies. Les eugénistes américains ont utilisé les foires d'État comme lieu d'éducation populaire, et ainsi juger le « stock humain » pour sélectionner la famille la plus apte à l'eugénisme. Celle qui sera chargée d'identifier les familles ayant des « traits » indésirables.

—C'est pas possible, ils n'ont pas fait ça ?

—Tu peux vérifier tout cela sur le net. Bon je continue. En 1914, Harry Laughlin a publié un modèle de loi eugéniste de stérilisation qui autoriserait la stérilisation de ceux qui seraient « socialement inadéquat » pour reprendre leur terme. Les « inadéquats » étaient les personnes prises en charge dans les institutions ou soutenues en tout ou en partie par les dépenses publiques, les aliénées, les criminels, les épileptiques, les ivrognes, les aveugles, les sourds, les déformées, les personnes dépendantes, les orphelins, les clochards, les sans-abri et les pauvres. En 1916, Margaret Sanger ouvre la première clinique de contrôle des naissances à Brooklyn New York. Sanger plaide pour la stérilisation et la ségrégation obligatoires pour des personnes handicapées.

—Le DEEP STATE USA, Pap ?

—Oui fils, le 4ième pouvoir. En 1917, Margaret Sanger fonde la revue Birth Control Review. On y trouvait des articles tels que : « Contrôle des naissances et amélioration raciale » (février 1919), « Quelques aspects moraux de l'eugénisme » (juin 1920), « La conscience eugénique » (février 1921), « Le but de l'eugénisme » (décembre 1924), « Contrôle des naissances et eugénisme positif » (juillet 1925), « Contrôle des naissances : le vrai eugénisme » (août 1928), etc. En 1921, Margaret Sanger crée la « Ligue de contrôle de naissance américaine ». En 1922, l'American Eugenics Society est fondée par Irving Fisher, Madison Grant, Harry H. Laughlin, Henry Fairfield Osborn et Henry Crampton, devenue en 1973, la « Société pour l'étude de la biologie sociale », puis finalement la « Société de biodémographie et de biologie sociale ». En 1927 « L'Institut Kaiser Wilhelm d'anthropologie, d'hérédité humaine et d'eugénisme » est fondé à Berlin, en Allemagne. À l'époque nazie, l'institut était fortement associé aux théories de l'eugénisme nazi et à « l'hygiène raciale ». Entre 1937 et 1938, 600 enfants issus de soldats franco-africains furent « analysés » puis stérilisés. En 1927, Buck V. Bell, dans l'état de Virginie a cherché à stériliser Carrie Buck pour avoir mis au monde un bébé hors mariage !!!

Le juge de la Cour suprême, Wendell Holmes, a statué contre Carrie Buck, déclarant : « Il vaut mieux pour le monde entier que, au lieu d'attendre l'exécution des descendants dégénérés pour crime ou de les laisser mourir de faim par imbécillité, la société empêche ceux qui sont manifestement inaptes de continuer leur procréation ... Trois générations d'imbéciles suffisent. » La Cour suprême a donc légitimé l'acte de Buck V. Bell. Ce n'est que dans les années 1970 que les législatures des États commencèrent à abroger ces lois. En 1930, La Fondation Rockefeller a commencé à financer l'Institut Kaiser Wilhelm d'anthropologie, d'hérédité humaine et d'eugénisme, et a continué à les financer jusqu'en 1939, en pleine connaissance de cause.

—J'ai l'impression que tu en veux à la terre entière Pap. Je ne crois pas que l'homme soit aussi machiavélique. Il finira par trouver un vaccin contre cette saloperie de virus.

—Je n'en veux à personne fils. Et moi qui voulais te raconter l'histoire des vaccins, il ne me reste plus qu'à aller jouer aux quilles.

—Ah non, tu en as trop dit.

—OK fils. Bien que les programmes de vaccination de masse aient permis l'éradication d'un certain nombre de maladies infectieuses humaines, la contamination par les vaccins est une préoccupation persistante.

Il est maintenant connu que les premiers vaccins contre la polio étaient contaminés par au moins un virus transmis par le singe, le SV40. Le transfert de ce virus à l'homme via des vaccins contaminés est responsable du syndrome d'immunodéficience acquise (SIDA), car l'agent causal du SIDA, le virus de l'immunodéficience humaine (VIH), serait dérivé d'un virus précurseur simien. Si tu veux en savoir plus va faire un tour sur le site WEB NIH (National Institutes of Health. C'est du très sérieux. Ah j'oubliais, excuse fils. Le SV40 est chiffré 18.

—Oh non Pap, ne me dis pas que nous sommes manipulés depuis des années.

—N'oublie pas, un cyber journaliste d'investigation expose les faits de manière la plus précise possible et laisse le lecteur décider. Pas de diffamation !

—Mais tu as bien une idée ?

—C'est vrai, mais elle m'appartient et je ne veux en aucun cas t'influencer. On continue ? Le futur vaccin contre la Covid-19 ce sont des milliards de dollars de bénéfices pour la BIG PHARMA, fils. John John Davison Rockefeller est à l'origine de ce terme, désignant l'ensemble des plus grands laboratoires pharmaceutiques au monde.

—Et c'est chiffré 1008, donc 18. De plus, BIG PHARMA est lié à la DEEP STATE USA, puisque 61 est le 18ième nombre premier,

—Waouh, fils ! Le chiffrage n'a plus de secret pour toi.

—C'est parce que tu es là. Je sens ton esprit me guider.

—Et si on continuait, fils ?

—Je m'attends au pire.

—Nul besoin d'attendre, il est là. Leur plan a parfaitement fonctionné. Comme chacun sait, les mesures de confinement en réponse à la pandémie de Covid-19 ont été catastrophiques à plusieurs niveaux. Les dommages collatéraux de la fermeture de nombreux établissements ont entraîné une augmentation drastique des taux de suicide, et une pandémie de violence envers les enfants et les conjoints. De nombreux patients atteints de maladies chroniques ou nécessitant des soins de routine ont été négligés par manque de personnel et de lits disponibles. La dévastation économique mondiale a traumatisé psychologiquement nos sociétés et a jeté des milliers de familles dans la pauvreté et des entreprises en faillite. Tous attendent le vaccin.

—C'est l'un des objectifs de DEEP STATE ?

—Exact fils. Le vaccin ! Le vaccin !

—Et alors, c'est bien Pap !

—Mais pour qui est-ce bien fils ? *Être, ou ne pas être : telle est la question. Y a-t-il pour l'âme plus de noblesse à endurer les coups et les revers d'une injurieuse fortune, ou à s'armer contre elle pour mettre un frein à une marée de douleurs ? Mourir... dormir, c'est tout.*

—Encore Einstein ?

—Non ! C'est de William Shakespeare, Hamlet, Acte III, scène 1. Tu ne trouves pas que ces vers illustrent bien la situation. *Être, ou ne pas être : telle est la question...*

—Bon, et si tu me parlais du vaccin ?

—Un vaccin... *Pour mettre un frein à une marée de douleurs ?*

—Pap !

—Par quoi vais-je commencer ? *Telle est la question.*

—Par le début Pap, mais ne le répète pas à Shakespeare.

—C'est une bonne idée le début. Le nom de Bill Gates te dit quelque chose ?

—Pap, je te rappelle que je fais des études d'ingénieur en informatique et que j'adore Windows. Sans Bill Gates l'homme, la France serait encore à l'âge du minitel. Non seulement c'est un génie de l'informatique, mais de plus il donne beaucoup d'argent à des associations caritatives. Il a même offert des milliers de toilettes en Afrique via son association. C'est un grand Monsieur.

—Et si on commençait fils ? En 2000, la Fondation Bill & Melinda Gates voit le jour, avec un objectif centré sur la vaccination mondiale. Nous en avons déjà parlé, je te rappelle juste l'un de ses chiffrements.

—Oui Pap, 283 est le 61e nombre premier.

—Parfait. Cette même année, Bill Gates fonde GAVI (Global Alliance for Vaccines and Immunization » ou, en français, « l'Alliance Globale pour les Vaccins et l'Immunisation ») dont l'objectif est d'accélérer l'utilisation de vaccins en façonnant leurs marchés tout en recherchant des financements. Le terrain d'essais est le Kenya.

Comme tu peux le voir GAVI est chiffré 18

—Et 61 et le 18ième nombre premier ! C'est dingue toutes ces coïncidences.

—Toujours en 2000, Bill Gates, Melinda Gates, Kofi Annan, Amir Attaran, Jeffrey Sachs créent GLOBAL FUND. Le Fonds mondial, avec un « s » à Fonds pour ne pas le confondre avec le « Fond du trou, est situé à Genève, en Suisse, dans le même bâtiment que GAVI et non loin des bureaux des Nations Unies, de l'OMS, de l'UNICEF, facilitant ainsi les échanges. GAVI est en fait, une branche de GLOBAL FUND, travaillant avec 60% des pays pour aider financièrement la distribution de vaccins. Puisque GLOBAL FUND est situé à Genève, il n'est donc pas soumis à la fiscalité, à la juridiction ou à la loi des États-Unis, en dépit du fait que le gouvernement américain ait contribué à coup de milliards à son financement, et continue à le faire. GLOBAL FUND est une industrie de 25 milliards de dollars par an ayant généré plus de 45 milliards de dollars, dont 95% proviennent de l'argent des contribuables grâce au financement public de plusieurs pays, les États-Unis étant le plus gros contributeur à hauteur de 18 milliards de dollars jusqu'à présent. Question pour toi fils, quelle part de cette montagne de dollars est réellement affectée à la lutte contre le sida?

—Oh là c'est grave Pap. Mais tu cherches à démontrer quoi ?

—Je veux juste exposer le fait que la vaccination est d'abord une histoire de gros sous, avant d'être une histoire de santé publique. Tout ceci ressemble à une partie de poker menteur où des joueurs misent l'argent des pauvres contribuables que nous sommes. Qu'ils gagnent ou qu'ils perdent n'a pas d'importance, le contribuable sera toujours là et il sera de plus en plus surveillé. Et comme au poker il y a des tricheurs qui s'arrangent pour se donner les meilleures cartes au moment où ils les mélangent, et parfois même en cacher dans leur manche.

Un labo affirmera avoir trouvé le vaccin contre la Covid-19, tandis qu'un autre annoncera qu'il fait une pause suite à un incident. Oui fils, tout ceci n'est qu'une partie de poker menteur où la table de jeu est notre belle planète bleue.

—Mais Pap, c'est normal de disposer d'un GLOBAL FUND pour permettre la distribution des vaccins créés par les laboratoires ainsi que pour la vaccination. Cela nécessite des avions, des camions pour transporter tout ce matériel, sans oublier le personnel médical qu'il faut rémunérer, etc.

—Ah c'est beau l'innocence fils. En 2009, Wikileaks pointe dans des rapports la mauvaise gestion de l'aide accordée à la Mauritanie par le Fonds Mondial. Selon cet organisme, 74% des fonds d'aide étaient des dépenses « illégitimes » (http://archive.is/5880B).

En 2011, l'Associated Press a publié un article intitulé « Fraud Flagues Global Health Fund ». Un fonds de développement de 21,7 milliards de dollars soutenu par des célébrités et salué comme une alternative à la bureaucratie des Nations Unies voit jusqu'aux deux tiers de certaines subventions dévorés par la corruption. Cela est mis en évidence par des documents falsifiés ou une comptabilité incorrecte, selon les enquêteurs du Fonds mondial de lutte contre le sida, la tuberculose et le paludisme. Les médicaments sur ordonnance qui ont fait l'objet de dons finissent par être vendus sur le marché noir.

Le bureau de l'inspecteur général nouvellement nommé n'a examiné qu'une infime fraction des 10 milliards de dollars de corruptions, depuis sa création en 2002.

- ✓ En Mauritanie, 67% de l'argent dépensé pour un programme anti-SIDA ne l'ont pas été à bon escient ont déclaré les enquêteurs au conseil d'administration du GOBAL FUND.
- ✓ Au Mali, 36% de l'argent dépensé pour un programme de lutte contre la tuberculose et le paludisme au Mali n'ont pas de justification.
- ✓ En Zambie, 3,5 millions de dollars de dépenses n'ont pas été documentés et un comptable a volé 104 130 dollars. Le GLOBAL FUND tente de récupérer 7 millions de dollars en « coûts non pris en charge et non éligibles ».
- ✓ En Haïti, sur un tiers des 157 millions de dollars de décaissement du GLOBAL FUND, l'inspecteur général a identifié 1,26 million de dollars de dépenses inéligibles et a constaté une capacité financière et une gestion insuffisante.
- ✓ Les enquêteurs ont examiné plus des quatre cinquièmes des 20 millions de dollars de subventions à Djibouti et ont découvert qu'environ 30% de ce qu'ils avaient examiné était perdu, inexpliqué ou utilisé à mauvais escient. Environ les trois cinquièmes des près de 5,3 millions de

dollars d'argent détournés ont été utilisés pour acheter des voitures, des motos et d'autres articles sans reçu. Près de 750 000 dollars ont été virés sur un compte sans aucune explication. (https://www.cbsnews.com/news/ap-fraud-plagues-global-health-fund/).

- ✓ Le 5 mai 2011, Todd Summers, président du Fonds américain pour le GLOBAL FUND de lutte contre le sida, président du comité de stratégie, d'investissement et d'impact du Fonds mondial, ancien directeur adjoint du Bureau de la politique nationale sur le sida de la Maison Blanche sous Bill Clinton, publie un article dans le Huffington Post intitulé « GLOBAL FUND : tolérance zéro pour la corruption et le détournement de fonds ». Et pour ton information la France, contribue au GLOBAL FUND. Je veux dire les contribuables français.

—C'est trop grave Pap !

—Je peux encore en rajouter sur le GLOBAL FUND. La partie de poker n'est pas terminée. En 2015, L'Agence des États-Unis pour le développement international (United States Agency for International Development – USAID) attribue à Chemonics International, Inc. un contrat de 9,5 milliards de dollars sur huit ans pour financer des programmes de chaîne d'approvisionnement de produits pour lutter contre VIH / sida, le paludisme et la tuberculose, ce qui en fait le plus grand accord accordé par l'USAID à ce jour.

Chemonics n'a pu obtenir que 7% des envois livrés à temps et en totalité. Qu'est-il arrivé au reste des prétendus produits ? Qu'est-il arrivé aux personnes prétendument séropositives qui avaient besoin de ces médicaments? Où sont passés les 9,5 milliards de dollars ?

—Trois ans plus tard, en novembre 2018, la fondation Bill & Melinda Gates a accordé une subvention de 386 680 dollars à Chemonics pour surveiller la température des produits de santé essentielle tout au long de la chaîne d'approvisionnement afin d'assurer la qualité et l'efficacité de ces produits vitaux. https://www.gatesfoundation.org/how-we-work/quick-links/grants-database#q/k=chemonics

—C'est le problème des USA, Pap.

—Ah bon ? En 2019, la France et le Président français Emmanuel Macron ont accueilli la sixième réunion des donateurs du GLOBAL FUND à Lyon, où 14 milliards de dollars US ont été recueillis pour la période 2020/2022.

https://www.theglobalfund.org/fr/news/2019-10-10-global-fund-donors-pledge-usd14-billion-in-fight-to-end-epidemics/

—Bill Gates était à Lyon ?

—À ton avis ? Ah j'ai encore oublié. GLOBAL FUND est chiffré 610, donc 61.

—Ne me dis pas que tu ne savais pas !

—Bon et si on continuait ? En 2015, le milliardaire américain présenta sa vision du monde lors d'une conférence TED. Pull-over rose et grosses lunettes noires, Bill Gates est apparu sur scène en poussant devant lui une sorte de baril nucléaire: « *Quand j'étais gamin, dit-il, la catastrophe dont on avait le plus peur était une guerre nucléaire (...) Mais aujourd'hui, le plus grand risque de catastrophe mondiale ne ressemble pas à ça. Il ressemble à ça.* S'affiche alors la modélisation en noir et blanc du virus H1N1. *Si quelque chose tue plus de 10 millions de personnes dans les prochaines décennies, ça sera probablement un virus hautement contagieux plutôt qu'une guerre, pas des missiles, mais des microbes. Nous ne sommes pas prêts pour la prochaine épidémie.*

—Il a toujours été visionnaire Pap, comme pour Windows.

—Tu noteras fils, que TED 2015 est chiffré 18.

—Comme BIG PHARMA !

—Exact fils !

C'est drôle Pap, le chiffrement de Bill Gates ?

—Pourquoi c'est drôle ?

—Il y a le code de la Chine et celui des USA !

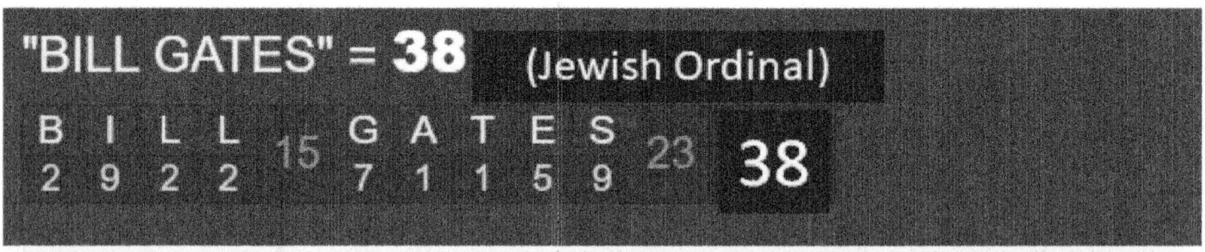

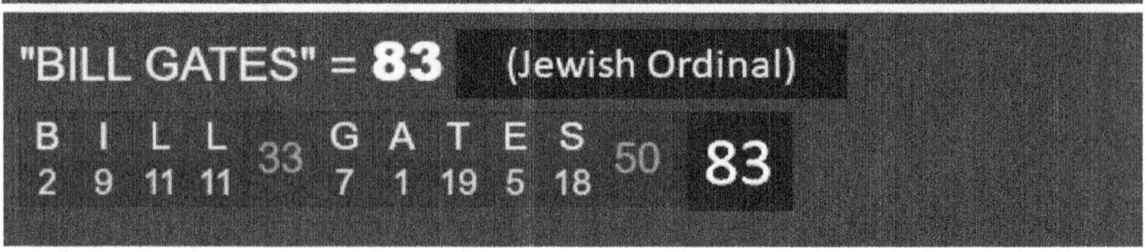

—Le code de la Chine, normal fils. Sa fondation est implantée en Chine. Elle a le droit de faire du business avec la Chine, pardon de l'humanitaire.

—Waouh ! C'est incroyable ces chiffrements. C'est quoi SINOPHARM ?

—Sinopharm est un groupe pharmaceutique chinois fondé en 2013. C'est la plus grande entreprise pharmaceutique en Chine dans laquelle Bill Gates a investi en janvier 2020. Sinophar est l'un des dix candidats en phase 3 des essais cliniques du vaccin contre la Covid-19, l'ultime étape avant une éventuelle commercialisation. Jackpot pour les actionnaires.

—Comment ça en janvier 2020 ? En pleine crise diplomatique entre la Chine et les États-Unis au sujet de la Covid-19 ? je ne comprends pas. Tu es sûr ?

—Voilà la preuve. Fils, il y a le « jeu » diplomatique d'un côté, et le business de l'autre.

Bill & Melinda Gates Foundation Commits $10 Million to Global Response to 2019-nCOV

SEATTLE, January 26, 2020 – The Bill & Melinda Gates Foundation today announced that it is immediately committing $10 million in emergency funds and corresponding technical support to help frontline responders in China and Africa accelerate their efforts to contain the global spread of 2019-nCoV.

Bill & Melinda Gates Foundation
206-709-3400
media@gatesfoundation.org
follow @gatesfoundation

The foundation is committing $5 million to the 2019-nCoV response in China and is already working with a range of Chinese public and private sector partners to accelerate national and international cooperation in areas of critical need, including efforts to identify and confirm cases, safely isolate and care for patients and accelerate the development of treatments and vaccines.

Partners include the National Health Commission and Chinese Center for Disease Control and Prevention, the National Natural Science Foundation of China and various research institutes affiliated with the Chinese Academy of Sciences, Xiamen University and Sinopharm China National Biotec Group.

—Et les morts ils sont où ? Il joue à quel jeu Bill Gates ?

—Attention fils, Bill n'est pas son vrai prénom, mais un surnom.

—Et bien là tu m'en apprends une bonne.

—Et WILLIAM HENRY GATES III est chiffré 56

Bill Gates / Full name

William Henry Gates III

"William Henry Gates III" = **56** (Chaldean)

W	i	l	l	i	a	m		H	e	n	r	y		G	a	t	e	s		I	I	I		
6	1	3	3	1	1	4	19	5	5	5	2	1	18	3	1	4	5	3	16	1	1	1	3	**56**

—56, comme le Coronavirus ?

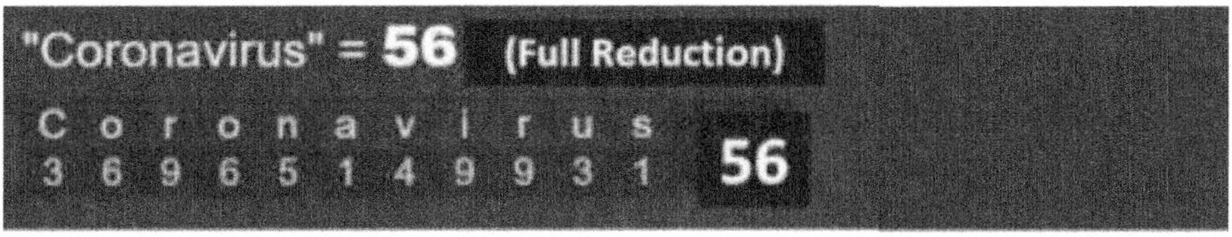

—Exact fils, et Bill Gates veut sauver la planète en rendant le « Vaccin Obligatoire » (Mandatoty Vaccines) en investissant massivement dans différents laboratoires de recherche, dont celui de Moderna.

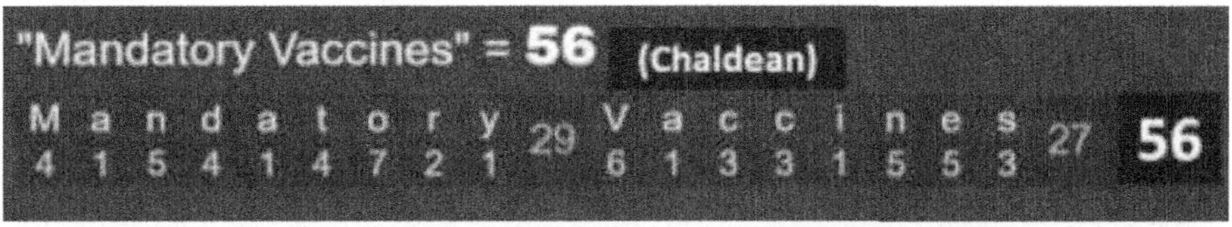

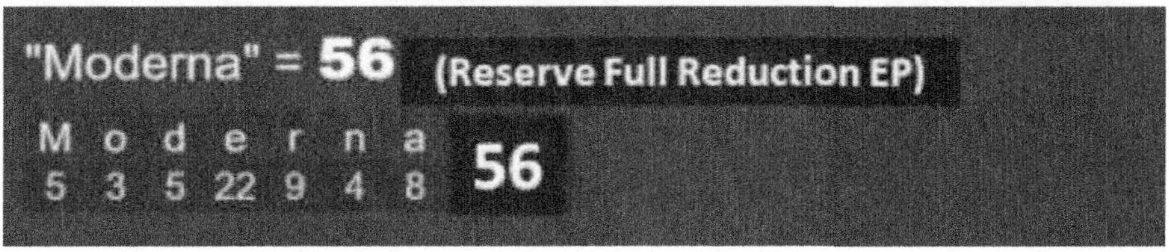

—C'est quoi Moderna ?

—Plus tard, fils. Le 19 mars 2020, Bill Gates a...

— Waouh la précision !

— Un cyber journaliste d'investigation doit être précis et apporter des preuves, en l'occurrence ce sera des liens officiels sur Internet, dans le cas contraire ce serait de la diffamation pour faux.

— Je disais donc que le 19 mars 2020, Bill Gates a publié « 31 questions et réponses sur le COVID-19 » sur son blog Gates Notes.

Il a déclaré: *à terme, nous aurons des certificats numériques qui montreront qui s'est rétabli, qui a été testé récemment ou qui a été vacciné récemment*. Inutile de te dire que cela a fait beaucoup de bruit en raison de ID2020. Voici le lien Internet.

https://www.gavi.org/vaccineswork/when-covid-19-vaccine-available-how-will-we-pay-it

— C'est quoi ID2020 ?

— Bonne question fils, je voulais voir si tu suivais.

—D'après Wikipedia, ID2020 est une organisation non gouvernementale qui plaide pour l'identification numérique.

—C'est tout ?

—Tu ne me laisses pas terminer Pap ! ID2020 est aussi un partenariat public privé basé à New York , rassemblant entre autres Accenture, Microsoft, la Fondation Rockefeller et des ONG.

—Ben oui !

—Tu as oublié de me dire que ID2020 chiffré 18 a participé à EVENT2O1 chiffré 61 organisé par la fondation Bill & Melinda Gates chiffré 283.

—Je sais Pap, 283 est le 61ième nombre premier, et 61 est le 18ième nombre premier. Tout est lié.

—Exact fils ! Je poursuis. Le 24 mars 2020, trois jours plus tard, GAVI de Bill Gates a publié un communiqué de presse indiquant qu'il souhaitait utiliser un mécanisme international pour la vaccination afin que le monde puisse déployer rapidement « d'éventuels vaccins COVID-19 ». L'IFFIm (International Finance Facility for Immunisation - Facilité internationale de financement pour la vaccination), organisme dédié à la facilité internationale de financement ainsi que la Banque Mondiale ont pris des accords pour convertir des promesses en obligations ce qui permet un financement immédiat à GAVI.

—Et IFFim est chiffré 18 ! Je vais finir par croire que la Covid-19 n'est qu'une histoire de gros sous.

—Et de conflits d'intérêt fils...

—Je sais pourquoi Bill Gates aime les vaccins.

—Dis-moi ?

—Bill Gates est né le 28 octobre 1955, le même jour que le biologiste américain Jonas Edward Salk, né le 28 octobre 1914. Le vaccin dit Salk fut l'un des premiers vaccins efficaces pour l'immunisation contre un virus en général.

—Pas mal fils. Pas mal.

13.

Quand le mensonge prend l'ascenseur, la vérité prend l'escalier, elle met plus de temps, mais elle finit toujours par arriver

En quelques heures, les principales plateformes de médias sociaux, Bill Gates, le Dr Anthony Fauci et les politiciens lancèrent la plus grand campagne de discréditation que le monde ait connu concernant un traitement précoce contre la COVID-19

C'est ainsi que ce site Web d'America's Frontline Doctors a été supprimé dans son intégralité par Squarespace et rapidement reconstruit sur un autre site.

https://www.americasfrontlinedoctors.com/

Pourquoi voudraient-ils faire cela ?

Pourquoi cacheraient-ils un remède au peuple américain, au monde entier, alors que le 30 mars 2020, la FDA (Food and Drug Administration) a autorisé l'utilisation de l'hydroxychloroquine. pour les patients atteints de la COVID-19 ?

https://www.healio.com/news/infectious-disease/20200330/fda-authorizes-emergency-use-of-antimalarial-drugs-for-covid19

—Bonjour, fils. Cela fait au moins deux heures que je t'envoie des bip sur ton ordinateur !

—Je voulais juste dormir pendant 1000 ans, ne plus penser. Que tout s'arrête.

Être ou ne pas être, telle est la question.

—*Y a-t-il plus de noblesse d'âme à subir la fronde et les flèches de la fortune outrageante, ou bien à s'armer contre une mer de douleurs et d'y faire front pour y mettre fin?*

Mourir... dormir, rien de plus... et dire que, par ce sommeil, nous mettons fin aux maux du cœur et aux mille tortures naturelles qui sont le lot de la chair: c'est là un dénouement qu'on doit souhaiter avec ferveur.

Mourir... dormir; dormir, peut-être rêver.

Oui, voilà l'obstacle.

Car quels rêves peuvent-ils nous venir dans ce sommeil de la mort, quand nous sommes débarrassés du tumulte de cette vie?

C'est cette réflexion-là qui donne à nos malheurs une si longue existence.

Qui, en effet, voudrait supporter les flagellations et les dédains du monde, l'injure de l'oppresseur, l'humiliation de la pauvreté, les angoisses de l'amour, les lenteurs de la loi, l'insolence du pouvoir, et les rebuffades que le mérite résigné reçoit d'hommes indignes ?

Qui voudrait porter ces fardeaux, grogner et suer sous une vie accablante, si la crainte de quelque chose après la mort, de cette région inexplorée, d'où nul voyageur ne revient, ne troublait la volonté, et ne nous faisait supporter les maux que nous avons par peur de nous lancer dans ceux que nous ne connaissons pas?

Ainsi, la conscience fait de nous tous des lâches; ainsi les couleurs natives de la résolution blêmissent sous les pâles reflets de la pensée; ainsi les entreprises importantes et de grandes portées se détournent de leur cours, à cette idée, et perdent le nom d'action...

—Shakespeare ?

—Oui fils. Hamlet, Acte III, scène 1ère.

— *Ainsi, la conscience fait de nous tous des lâches.* Tu crois que nous le sommes tous ?

—Penses-tu que nous le soyons en dénonçant les preuves de la machination de la Covid-19 ?

—On va nous traiter de complotistes, Pap.

—A chacun de se faire sa propre opinion. Et si nous continuions ?

—Plus que jamais, Pap.

—As-tu entendu parler d'un produit qui soignait la Covid-19 en attendant le vaccin ?

—J'ai lu que professeur Didier Raoult avait obtenu de très bons résultats en utilisant l'hydroxychloroquine, mais qu'elle était désormais interdite.

—L'épidémie de coronavirus révèle l'étrange décalage entre les stratégies sanitaires de l'OMS et la réalité des scientifiques et des médecins qui font passer la vie des patients au premier plan.

La lutte du pouvoir en France au sujet des plans contre les coronavirus entre les responsables de la santé et le principal expert du pays est vraiment révélatrice. Le professeur Didier Raoult, qui est l'un des cinq meilleurs scientifiques mondiaux sur les maladies transmissibles et qui dirige le centre de recherche de haute technologie sur les maladies infectieuses, IHU - méditerranée Marseille, a fait valoir que l'approche de la quarantaine de masse est inefficace alors que les tests à grande échelle accompagnés du traitement des cas donnent de bien meilleurs résultats. Très tôt, le docteur Raoult a suggéré l'utilisation de l'hydroxychloroquine (chloroquine ou Plaquenil), un médicament bien connu, simple et peu coûteux qui s'est montré efficace contre les coronavirus antérieurs tels que le SRAS.

—Et alors Pap ?

—En octobre 2020, le ministre français de la Santé a soudainement décidé de mettre ce médicament en vente libre. En tant que membre d'un comité français similaire, le docteur Raoult a immédiatement partagé la bonne nouvelle avec les autorités sanitaires.

Cet éminent professeur a enregistré quotidiennement des vidéos pour partager ses recherches et ses connaissances, atteignant parfois un demi-million de vues en quelques jours.

Les hôpitaux et les médecins généralistes ont commencé à traiter leurs patients avec ce médicament jusqu'à ce qu'il soit rapidement en rupture de stock.

—C'était prévisible ! Rupture de stock comme les masques.

—En effet fils, pour une raison inconnue, en octobre dernier, le ministre français de la Santé a soudainement décidé de le vendre sous ordonnance alors qu'il était en vente libre. De toute évidence, il n'y avait pas vraiment d'intérêt à utiliser un médicament générique pouvant fournir un traitement et une prévention immédiats pour un prix d'environ 5 euros (Plaquenil 200mg, 4.17 euros).

—Pas assez rentable pour les gens qui ont placé du fric dans les laboratoires, Pap.

—Exact fils. C'est pourquoi le gouvernement français a abrogé, le mercredi 27 mai 2020, dans un décret publié au Journal officiel, les dispositions dérogatoires autorisant la prescription de l'hydroxychloroquine contre le Covid-19 à l'hôpital en France, hors essais cliniques, à la suite d'un avis défavorable du Haut Conseil de la santé publique. L'utilisation de l'hydroxychloroquine n'est donc plus utilisée.

—D'où la colère de Didier Raoult

—Exact, fils.

—Mais pourquoi ils ont arrêté si le professeur Raoult affirmait que ça marchait ?

—Bonne question, fils. L'Agence Nationale de Sécurité du Médicament et des produits de santé (ANSM), a suivi l'Organisation mondiale de la santé (OMS).

—Ils ont raison, s'il y avait un risque.

—C'est un point de vue, fils.

—La sécurité n'est pas importante pour toi ?

—En fait, tout commença lorsque le président Trump fit pression pour l'hydroxychloroquine à la mi-mars 2020. Il convient de noter que le 30 mai 2018, la « loi sur le droit d'essayer » a été promulguée, permettant aux patients ayant des maladies potentiellement mortelles, et ne pouvant pas participer à des essais cliniques d'accéder à certains traitements non approuvés.

—Cette pression du président déclencha un tollé de contestations.

Ainisi le docteur Anthony Fauci, Bill Gates et l'OMS, ainsi que de nombreuses célébrités et politiciens martelèrent que l'hydroxychloroquine pourrait être « dangereux », les professionnels de la santé et les individus affirment le contraire. Rien de tout cela n'empêchera l'administration Trump d'aller de l'avant et le 20 avril, DOJ (Department of Justice) a autorisé les sociétés pharmaceutiques américaines à distribuer de l'hydroxychloroquine.

https://www.newsweek.com/doj-clears-us-drug-companies-distribute-hydroxychloroquine-coronavirus-patients-1499002

—C'est qui le docteur Anthony Fauci, Pap.

—C'est le directeur de l'Institut national des allergies et maladies infectieuses, un centre de recherche du Ministère américain de la Santé.

—Alors le docteur Didier Raoult avait raison ?

—Il n'était pas le seul. Le Docteur Steven Hatfill, scientifique biomédical ayant travaillé sur Ebola a dit qu'il y avait une campagne injustifiée contre l'hydroxychloroquine, et que son utilisation aurait pu sauver des vies. De même, le Docteur William O'Neill, cardiologue, et directeur médical du Henry Ford Health System à Detroit, Michigan, a avoué avoir prescrit de l'hydroxychloroquine pour aider de nombreux patients atteints de coronavirus et qu'il a constaté une amélioration chez tous.

—C'est grave , Pap !

—Exact fils. L'étude du Lancet a été retirée, mais le mensonge avait été injecté dans le fruit.

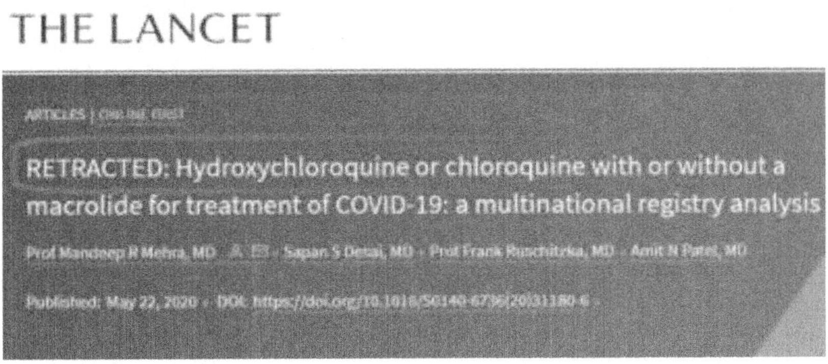
THE LANCET

RETRACTED: Hydroxychloroquine or chloroquine with or without a macrolide for treatment of COVID-19: a multinational registry analysis

Prof Mandeep R Mehra, MD · Sapan S Desai, MD · Prof Frank Ruschitzka, MD · Amit N Patel, MD

Published: May 22, 2020 · DOI: https://doi.org/10.1016/S0140-6736(20)31180-6

—Le 23 avril 2020 fils, une étude médicale sur l'hydroxychloroquine chez des vétérans hospitalisés pour COVID-19 a été publiée, envoyant une onde de choc aux médias. Ça marche ! Certes dans des cas spécifiques comme l'avait annoncé le professeur Didier Raoult.

https://www.medrxiv.org/content/10.1101/2020.04.16.20065920v2

Dans l'heure qui suivit cette publication, Bill Gates inonde la planète bleue d'un tweet où il est écrit : *nous ne disposons pas encore des outils dont nous avons besoin pour arrêter le nouveau coronavirus et rouvrir l'économie en toute sécurité. Mais ils sont à l'horizon*, avec un lien vers son blog, et une image valant mille mots indiquant « Pandémie 1 », laissant supposer dans l'esprit des gens qu'il s'agit de la première de nombreuses pandémies à venir.

Bill Gates
@BillGates

We don't yet have all the tools we need to stop the novel coronavirus and safely re-open the economy. But they are on the horizon.

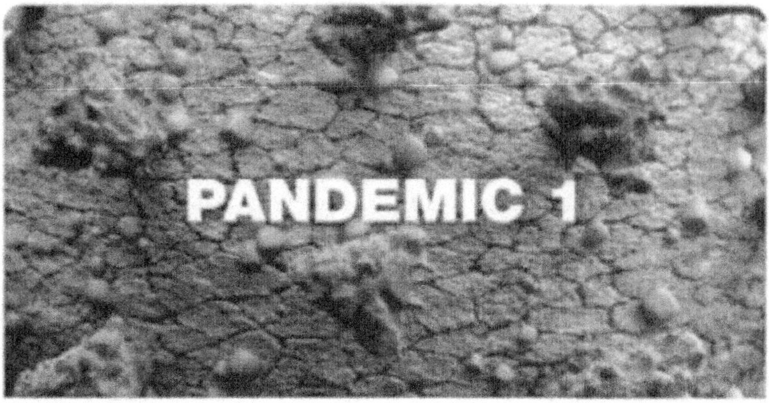

The first modern pandemic
The scientific advances we need to stop COVID-19.
gatesnotes.com

11:39 AM · Apr 23, 2020 · Twitter Web App

—Place aux vaccins et aux milliards de dollars pour les actionnaires de laboratoire. C'est ça Pap ?

—Si tu veux la preuve du plan machiavélique, fils, chiffre « BILL GATES – PANDEMIC 1 » et n'oublie pas le « 1 ».

"BILL GATES - PANDEMIC 1" = **61** (Septenary)

B	I	L	L		G	A	T	E	S	
2	5	2	2	11	7	1	7	5	6	26

P	A	N	D	E	M	I	C		1		
3	1	1	4	5	1	5	3	23	1	1	**61**

—61 Pap !

—Pas de « Waouh » cette fois ?

—J'avoue que jusqu'à ce tweet j'y croyais sans trop y croire. Oui, ce monde a besoin d'une grande remise à zéro et le professeur Didier Raoult est un héros.

— Les forces qui s'opposent à l'hydroxychloroquine et au «Protocole de Zelenko» sont puissantes et nombreuses. Pour ne mentionner ici que quelques-unes de ces forces, je citerai : certains politiciens cherchant le pouvoir, des actionnaires de grandes sociétés pharmaceutiques ne pensent qu'à tirer profit de leurs médicaments et de vaccins coûteux; L'OMS qui fait avancer son programme conformément aux intérêts de ses sources de financement; les anarchistes recherchent l'anarchie.

—Tu en penses quoi, toi ?

—Un cyber journaliste d'investigation expose les faits et laisse le lecteur seul juge. Il ne doit jamais y avoir diffamation dans les faits. Ah j'allais oublier, « ils » savaient depuis 2005, que la chloroquine était un puissant inhibiteur de l'infection et de la propagation du coronavirus.

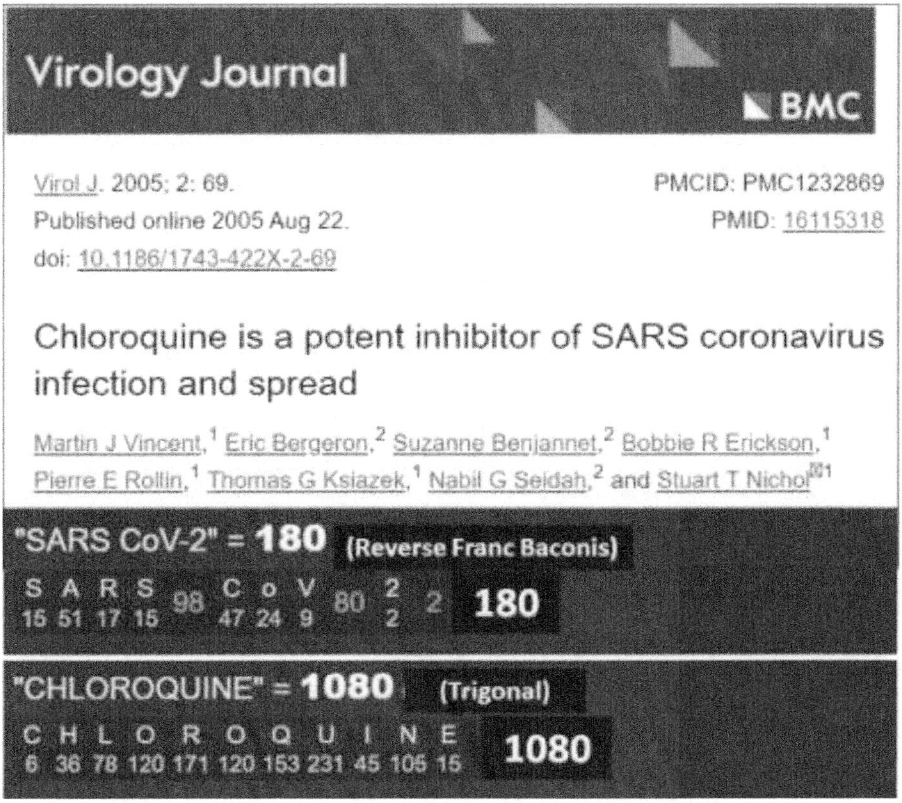

Virology Journal BMC

Virol J. 2005; 2: 69. PMCID: PMC1232869
Published online 2005 Aug 22. PMID: 16115318
doi: 10.1186/1743-422X-2-69

Chloroquine is a potent inhibitor of SARS coronavirus infection and spread

Martin J Vincent,[1] Eric Bergeron,[2] Suzanne Benjannet,[2] Bobbie R Erickson,[1] Pierre E Rollin,[1] Thomas G Ksiazek,[1] Nabil G Seidah,[2] and Stuart T Nichol[1]

"SARS CoV-2" = 180 (Reverse Franc Baconis)

S A R S 98 C o V 80 2 2 180
15 51 17 15 47 24 9 2

"CHLOROQUINE" = 1080 (Trigonal)

C H L O R O Q U I N E 1080
6 36 78 120 171 120 153 231 45 105 15

—SARS – CoV-2 et CHLOROQUINE sont chiffrés 18, comme TEX 2015 – BIG PHARMA – GAVI, BIG PHARMA – BILL GATES, Pap.

—Je ne t'entends plus fils. C'est l'heure de ma partie de quille.

—Pap, attend, j'ai encore une question. Pappppp

14.

Demandez le vaccin !
Demandez le vaccin !

La progression galopante de l'épidémie de la Covid-19 en Europe conduit la France et l'Allemagne à annoncer, le mercredi 28 octobre 2020, un reconfinement.

Hasard du calendrier, coïncidences, ce jour, Bill Gates a eu 65 ans.

****

—Bien dormi Fils ?

—Comme la veille et l'avant veille et l'avant avant-veille. Mal !

—Alors ça ne peut que s'améliorer. Et si on continuait ?

—Ah oui, j'aimerais bien savoir ce qui a poussé Bill Gates et d'autres à torpiller l'hydroxychloroquine.

—J'avais bien noté fils. Simples coïncidences ou non, en 2002, alors que GLOBAL FUND tout juste créé par Bill Gates, et que sa Fondation et GAVI (l'Alliance Globale pour les Vaccins et l'Immunisation) sont en place, il investit 205 millions de dollars dans neuf grandes sociétés pharmaceutiques : 76,9 millions de dollars dans des actions Merck, 37,3 millions de dollars dans Pfizer, 29,7 millions de dollars dans Johnson & Johnson.

Abbott Laboratories – corporate bonds $1.4M
AbbVie Inc – corporate bonds $1.7M
Eli Lilly & Co – corporate bonds $952K
Gilead Sciences – common stock $1.3M
Gilead Sciences – corporate bonds $3.3M
Johnson & Johnson – corporate bonds $1.5M
Novartis AG REG – common stock $6M
Merck & Co – common stock $2M
Merck & Co – corporate bonds $$183.8K
Pfizer – common stock $1.7M
Takeda Pharmaceutical – common stock $2.7M
Teva Pharmaceuticals NE – corporate bonds $1.1M
Teva Pharmaceuticals FIN BV – corporate bonds $819K

—Pas mal, Pap !

—Ce n'est qu'une petite partie des investissements stratégiques de la fondation Bill & Melinda Gates. Si tu veux le détail, visite ce site.

https://sif.gatesfoundation.org/portfolio/?fwp_paged=3&fwp_per_page=20

—Il va toucher le Jackpot, suite à la publication de Pfizer Inc sur l'efficacité de 90 % de son vaccin.

—C'est cela être un visionnaire. En février 2017, il a annoncé à Munich *qu'une pandémie mondiale extrêmement meurtrière se produira au cours de nos vies.* Le 18 octobre 2019, sa fondation a organisé, à New York un exercice de simulation d'une pandémie mondiale intitulée EVENT 2O1.

—... Le 31 décembre 2019, le gouvernement chinois informe le bureau de l'OMS en Chine qu'un cas de pneumonie inconnue a été détecté dans la ville de Wuhan. Le 11 mars 2020, l'OMS déclare que la flambée de la Covid-19 constitue une pandémie. Tu as raison Pap, un sacré visionnaire.

—Le 15 septembre 2020, Bill Gates dit que *Pfizer est le mieux placé pour un vaccin COVID-19 précoce.*

BUSINESS

Bill Gates says Pfizer has best shot at early COVID-19 vaccine

By Noah Manskar

September 15, 2020 | 9:30am

—Tu crois qu'il pourrait me donner les numéros du Loto, Pap ?

—Je ne sais pas, en revanche ce que je sais, c'est que Pfizer a été effectivement le premier groupe pharmaceutique du Big Pharma a annoncé le succès de son vaccin pour 90% !

—Le Big Pharma ?

—Exact, fils. Regardons maintenant les coïncidences entre « BILL & MELIDA GATES FOUNDATION, chiffré 283 et la BIG PHARMA, chiffré 1008, donc 18.

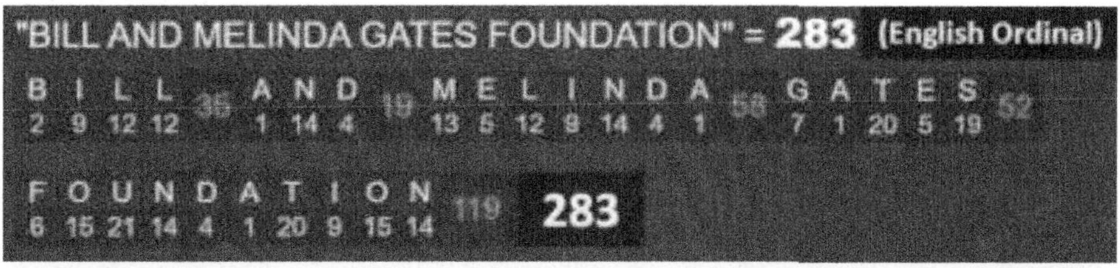

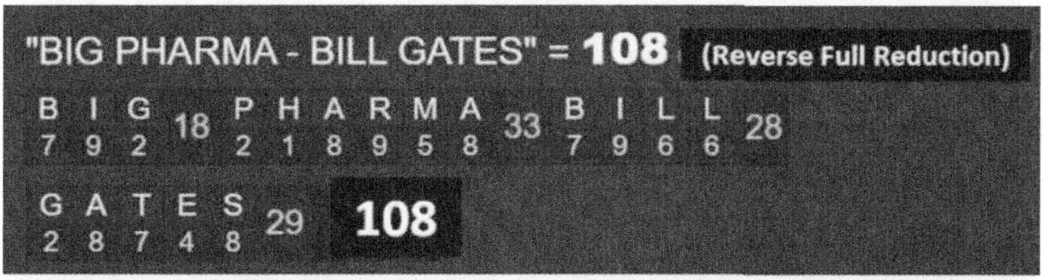

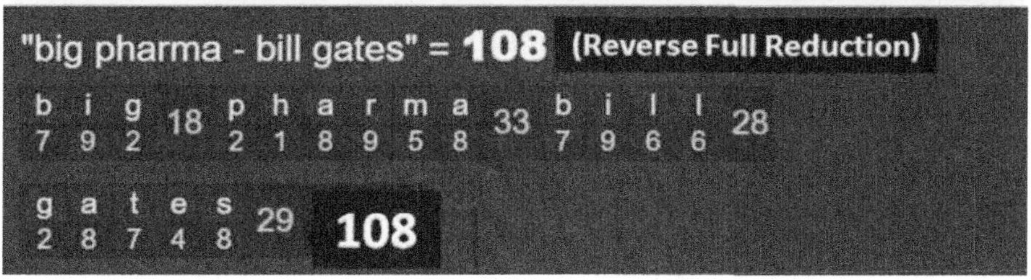

—Tu me testes Pap ? Pour la centième fois au moins, 283 est le 61ième nombre premier, et 61 et le 18ième nombre premier.

—C'était juste pour savoir si tu suivais, fils.

—Celle-ci c'est la deux millionième fois que tu me la répètes.

—On continue ? Je te sens réservé sur le chiffrement. Tu te dis, « je prends n'importe quel mot et n'importe quelle méthode et je m'arrange pour que cela tombe sur le bon chiffre .. ». Tu conviendras que BIG PHARMA et BILL GATES ne sont pas n'importe quels mots et que la probabilité que cela donne 18, parmi les 30 méthodes est très très faible, et que PHARMA PANDEMIC soit égal à 61, qui correspond au 18ième nombre premier est encore plus faible en termes d'indice de probabilité. Quant à écrire en minuscule ou majuscule, cela ne change rien au résultat.

"PHARMA PANDEMIC" = **61** **(Keypad)**

P	H	A	R	M	A		P	A	N	D	E	M	I	C		
7	4	2	7	6	2	28	7	2	6	3	3	6	4	2	33	**61**

—Tu as fait exprès de choisir les mots PHARMA PANDEMIC ?

—Le hasard fils.

—Ah bon ? Je croyais d'après ton pote Einstein, que *Le hasard, c'est Dieu qui se promène incognito.* C'est un hasard aussi que ces mots soient chiffrés 61 ?

—Ah mince alors c'est chiffré 61 ?

—Ne le répète à personne, les nombres 83, 18, 38, 61, 201, 283, sont tous associés à Bill Gates et plus encore le 18, 61, 201, 283.

—Ah bon, je n'avais pas remarqué.

—OK Pap. Et si on continuait ? Je t'ai demandé s'il avait prévu la seconde vague et comme je n'ai pas eu de réponse, j'ai chiffré moi-même. Tu ne vas pas le croire Pap, SECOND WAVE – BILL GATES est chiffré 108 ! Étonnant non ?

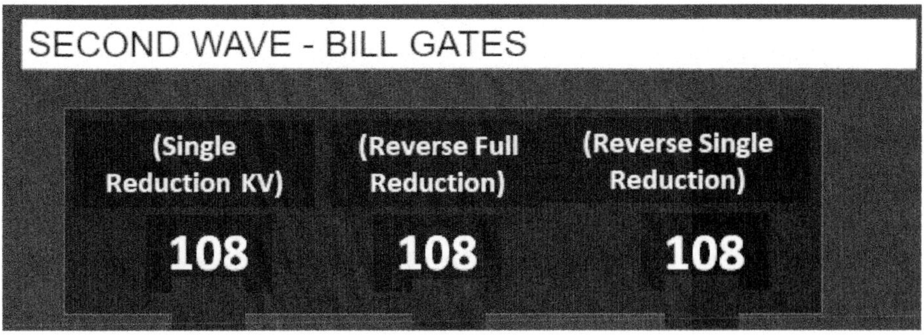

—Oh là fils, tu vas bientôt pouvoir postuler à la NSA.

—Pourquoi la NSA ?

—Parce qu'elle utilise l'indice de coïncidences depuis des années pour le décryptage.

—C'est vrai ça ?

—Je t'ai déjà menti ? Bon on continue fils ? Effectivement, Bill Gates a fait d'énormes investissements dans la BIG PHARMA, comme tu peux en juger.

GlaxoSmithKline – HIV – $17M grant from 2011, final payment paid in full in 2018
GlaxoSmithKline – enteric and diarrheal diseases – $5M grant with none expended yet
GlaxoSmithKline – enteric and diarrheal diseases – $15M in grants with $1.9M expended
GlaxoSmithKline – discovery & translational sciences – $5.5M in grants with $3.3M expended
GlaxoSmithKline – research & learning opportunities – $14M grant with $6M expended
GlaxoSmithKline – Malaria – $1.8M in grants with $393K expended
GlaxoSmithKline – Tuberculosis – $1.8M grant with $387K expended
Merck KGA – neglected tropical diseases $275K not yet expended
Novartis Institutes for Biomedical Research – enteric & diarrheal disease – $1.5M not yet expended
Novartis Institutes for Biomedical Research – discovery & translational sciences – $8.6M in grants with $1.3M expended
Pfizer – pneumonia, research & learning opportunities – $18.1M in grants with $2.3M expended
Takeda Pharmaceutical – polio $40.5M grant with $26.7M expended
Teva Pharmaceutical – development of solutions to improve global health; family planning $14M in grants with $10M expended

—Waouh !

—Bon je continue fils. En février 2015, la Fondation de Bill Gates a investi 52 millions de dollars au capital de CureVac, une société biopharmaceutique allemande, pour accélérer le développement de vaccins contre la coronavirus, le VIH et le virus respiratoire syncytial.

Il s'est également engagé à fournir un financement supplémentaire de 2 milliards de dollars pour les essais cliniques de vaccins. Le laboratoire pharmaceutique allemand CureVac a annoncé, mardi 29 septembre 2020, avoir commencé les essais cliniques de deuxième phase de son vaccin contre le Covid-19. Bill Gates a acquis près de 6% des actions de CureVac, d'une valeur de plus de 50 millions de dollars à l'époque.

The Bill & Melinda Gates Foundation and CureVac Collaborate to Accelerate the Development of Transformative Vaccine Technology

- *Equity investment of $52 million (€ 46 million) to support construction of a new Good Manufacturing Practice (GMP) production facility*
- *Foundation will separately fund vaccine development programs with the potential to revolutionize the prevention of a wide range of infectious diseases*

Bill & Melinda Gates Foundation
206-709-3400
media@gatesfoundation.org
follow @gatesfoundation

SEATTLE, WA, USA and TÜBINGEN, GERMANY (March 5, 2015) – The Bill & Melinda Gates Foundation and CureVac today announced that the foundation has made a commitment to invest $52 million (€46 million) in CureVac, a leading clinical-stage biopharmaceutical company specializing in mRNA-based vaccine technologies. As part of the agreement, the foundation will also provide separate funding for several projects to develop prophylactic vaccines based on CureVac's proprietary messenger RNA (mRNA) platform. In addition,

—Et je parie que CUREVAC – BILL GATES est chiffré…

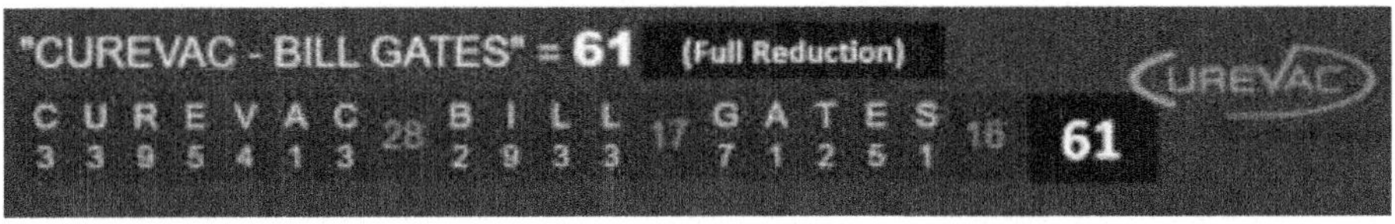

—Waouh, trop fort fils !

—Là je sens que tu te moques de moi, Pap.

—Non tu crois ?

—Alors tu veux toujours savoir pourquoi Bill Gates et d'autres ont torpillé l'hydroxychloroquine. Le professeur Raoult avait relayé dans un tweet un article de Sciencedirect montrant l'Influence des conflits d'intérêts dans les prises de position publiques à l'ère du COVID-19 : le cas de Gilead Sciences.

https://www.sciencedirect.com/science/article/pii/S2052297520300627?via%3Dihub

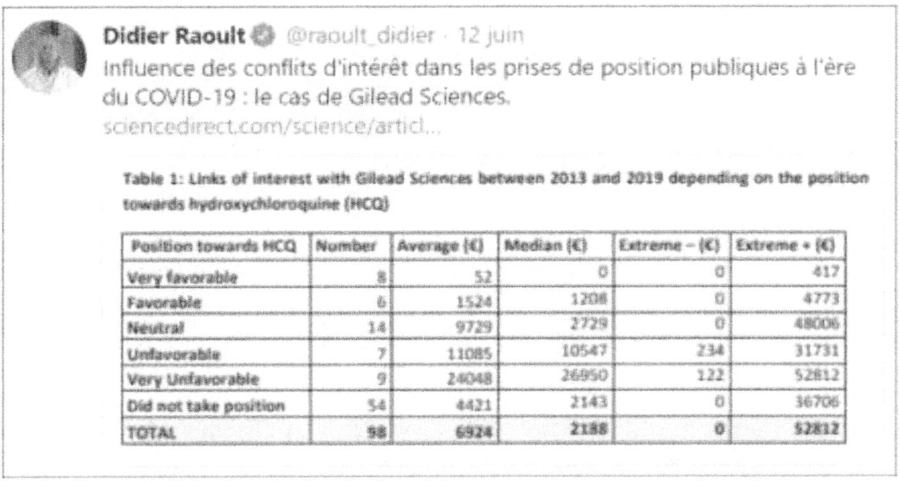

Didier Raoult @raoult_didier · 12 juin

Influence des conflits d'intérêt dans les prises de position publiques à l'ère du COVID-19 : le cas de Gilead Sciences.

sciencedirect.com/science/articl...

Table 1: Links of interest with Gilead Sciences between 2013 and 2019 depending on the position towards hydroxychloroquine (HCQ)

Position towards HCQ	Number	Average (€)	Median (€)	Extreme – (€)	Extreme + (€)
Very favorable	8	52	0	0	417
Favorable	6	1524	1208	0	4773
Neutral	14	9729	2729	0	48006
Unfavorable	7	11085	10547	234	31731
Very Unfavorable	9	24048	26950	122	52812
Did not take position	54	4421	2143	0	36706
TOTAL	**98**	**6924**	**2188**	**0**	**52812**

—Et alors Pap ?

—En septembre 2020, la fondation Bill et Melinda Gates s'engageait avec une vingtaine d'entreprises à diagnostiquer la Covid-19 et à vacciner.

Life Science Companies and the Bill & Melinda Gates Foundation: Commitments to Expanded Global Access for COVID-19 Diagnostics, Therapeutics, and Vaccines

30 September 2020

Joint Communique

Bill & Melinda Gates Foundation
206-709-3400
media@gatesfoundation.org
follow @gatesfoundation

COVID-19's existence anywhere poses a threat to communities everywhere. The health, social, and economic impacts can only be addressed through the collective actions of stakeholders across private, public, and philanthropic sectors in partnership with civil society. As organizations dedicated to improving and protecting global health, with our varied skills, roles, and resources, we remain committed to doing our part in ending this pandemic worldwide. Earlier this year AstraZeneca; Bayer; bioMérieux; Boehringer Ingelheim; Bristol Myers Squibb; Eisai; Eli Lilly; Gilead; GSK; Johnson & Johnson; Merck & Co. (known as MSD outside the U.S. and Canada); Merck KGaA, Darmstadt, Germany; Novartis; Pfizer; Roche; and Sanofi together with the Bill & Melinda Gates Foundation each pledged ourselves to the fight against COVID-19.

—C'est un scandale d'État ! J'ai chiffré GILEAD – BILL GATES, Pap.

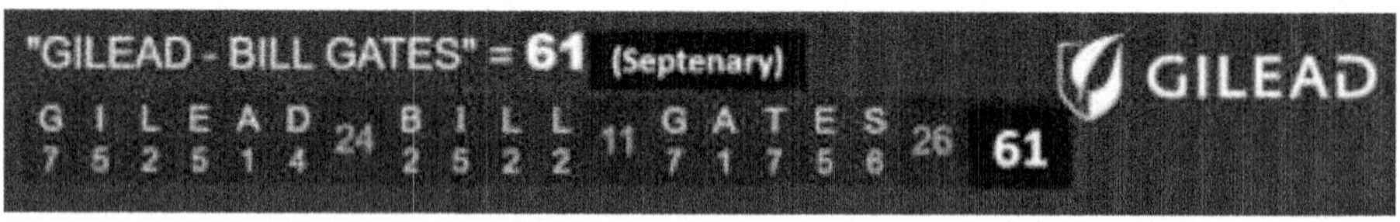

—Je connais le résultat fils. Le professeur Raoult ne faisait pas le poids face aux billions de dollars que vont récupérer les laboratoires. La Covid-19 est la plus grande mine d'or de tous les temps.

—Mine d'or ou monstrueuse escroquerie ?

—Je dirai plus « BIG » conflits d'intérêts, fils.

—C'est quoi ça ?

—Tu vas comprendre :

- ✓ La fondation Bill Gates est membre du conseil d'administration de GAVI et du Fonds mondial.
- ✓ La Banque mondiale, l'UNICEF et l'OMS sont membres du conseil d'administration de GAVI.
- ✓ Le personnel de Pfizer et Bharat Biotech International sont membres du conseil d'administration de GAVI.
- ✓ Le personnel de la Fondation Gates a occupé des postes chez Bayer HealthCare Services, GSK, Merck, Novartis, Pfizer et Sanofi Pasteur.
- ✓ Merck & Co est membre du conseil d'administration du Fonds mondial.

—Mais pourquoi ce n'est pas dénoncé ?

—Ah, c'est beau l'innocence de la jeunesse. La fondation Bill et Melinda Gates a fait en sorte de renvoyer dans les cordes ceux qui oseraient dire du mal de leur institution.

—Ah bon. Mais personne ne peut m'empêcher d'écrire un billet et de le poster sur les réseaux sociaux ?

—Bill Gates a énormément investi dans l'industrie des vaccins et des produits pharmaceutiques. À tel point qu'en août 2018, il a accordé 250 000 dollars à l'Université de Harvard pour tenter de résoudre le problème de désinformation et déterminer comment

« traiter » efficacement les mensonges liés à la santé et autres domaines qui circulent sur les réseaux sociaux.

Bien sûr, leur version des « mensonges » est différente de la nôtre.

https://www.gatesfoundation.org/How-We-Work/Quick-Links/Grants-Database/Grants/2018/08/OPP1189406

Harvard University

Date: August 2018
Purpose: to understand the scale and nature of the mis- and disinformation problem and determine how to effectively debunk health-related and other falsehoods traveling on social media platforms
Amount: $250,000
Term: 29
Topic: Global Health and Development Public Awareness and Analysis
Regions Served: GLOBAL|AFRICA|ASIA
Program: Advocacy
Grantee Location: Cambridge, Massachusetts
Grantee Website: http://www.harvard.edu

—Mais nous avons des preuves, Pap ?

—Si tu insistes, ce sera toi contre Harvard, Stanford, et autres médias !

—Comment ça les médias ?

MEDIAPART

MÉDIAS — CONFIDENTIEL

La Fondation Gates donne 1,9 million d'euros au «Monde»

—Décidément, c'est beau l'innocence de la jeunesse !

Malgré la déclaration sincère de la Fondation Gates de rechercher des « opportunités mutuellement avantageuses » avec les fabricants de vaccin, il est rare de trouver dans les médias grand public des reportages sur les conflits d'intérêts de la fondation. Cela peut être dû au fait que la fondation finance un certain nombre de grands médias, comme la *BBC, NPR, NBC, Al Jazeera, ProPublica, National Journal, The Guardian, The New York Times, Univision, Medium Magazine, Financial Times, The Atlantic, The Texas Tribune, Gannett, Washington Monthly, Le Monde, Center for Investigative Reporting, Pulitzer Center, National Press Foundation, International Center for Journalists*, et à un certain nombre d'autres groupes. La fondation finance également une armée de vérificateurs indépendants, dont le *Poynter Institute and Gannett.* Ces derniers utilisent leurs plateformes de vérification des faits pour faire taire les critiques et dénoncer les prétendues théories du complot et désinformations. https://www.cjr.org/criticism/gates-foundation-journalism-funding.php

—Il n'y a personne pour révéler cela, Pap ?

—L'un de ses opposants parmi les plus virulents est Robert Francis Kennedy Jr, politicien américain et avocat spécialisé dans les questions d'environnement.

Ce fils de Robert F. Kennedy et neveu de l'ancien président John F. Kennedy, révèle dans plusieurs vidéos, comment Bill Gates utilise des millions de dollars de dons, pour acheter la presse et ses journalistes afin de poursuivre ses propres objectifs, en contournant les besoins de la population.

—Pap, pourquoi il fait tout ça ?

—Pour BFM, Il faut remonter le temps pour comprendre l'engagement de Bill Gates dans l'humanitaire et pourquoi les gens se méfient de lui au sujet des vaccins. En 1998, il a été condamné dans un procès retentissant pour abus de position dominante. Il avait imposé « Windows » et « Internet explorer » à tous les fabricants d'ordinateurs du monde avec des méthodes de voyou pour éliminer tous ses adversaires. C'est ainsi qu'il est devenu à 45 ans l'homme le plus riche du monde. Peu de temps après cette condamnation, il a commencé sa deuxième vie, de mécène et de philanthrope. Depuis 20 ans, il est l'homme le plus généreux du monde, il donne à tour de bras et en même temps, il ne cesse de s'enrichir. Le reproche qui lui est fait est d'avoir su gérer ses intérêts privés. Puisqu'en fait, sa fortune a été placée dans un fonds d'investissement qui fait travailler cet argent. Les bénéfices vont à la fondation, mais le capital reste à lui et ne cesse de grossir et va continuer à croître avec l'investissement qu'il a fait dans les 8 / 10e des laboratoires les plus avancés pour le vaccin sur la Covid-19.

—La vaccination est-elle inévitable Pap ?

—Je m'attendais à ce que tu poses cette question.

—Et pas de réponse shakespearienne.

—Je vais alors te poser plusieurs questions et tu trouveras la réponse toi-même. N'oublie pas notre pacte.

—Ma question est : pourquoi crois-tu que les autorités nous ont conseillé de rester à la maison, et par la suite nous y confiner ?

—Pour se protéger et protéger les autres.

—One point ! Et que nous ont-elles demandé de faire si nous avions de la température, une perte d'odorat, etc. ?

—De contacter son médecin pour avis.

—One point ! Et qu'arrive-t-il lorsque la personne n'arrive plus à respirer ?

—On l'emmène en urgence à l'hôpital.

—Et ?

—Et si c'est vraiment grave, on la place sous respirateur.

—Exact ! One Point. Pourquoi voulaient-ils que les personnes restent à la maison et souffrent jusqu'à ce que le virus s'intensifie au lieu de leur proposer un traitement ?

—Genre l'hydroxychloroquine, par exemple ?

—Il existe à d'autres traitements

—Je croyais qu'il n'y en avait qu'un ?

—Il y a l'hydroxychloroquine et le Remdesivir de la société Gilead Sciences.

—Gilead, la société mise en cause par le Professeur Raoult dans laquelle Bill Gates a investi ?

—Exact ! One Point. Autre question. Pourquoi les gouverneurs essaient-ils de « forcer » tout le monde à porter un masque ?

—Pareil, pour se protéger et protéger les autres.

—Exact ! One Point. Existe-t-il une preuve scientifique, non pas une statistique, prouvant que porter un masque protège ?

—Connais-tu les séquelles que peuvent éprouver certains individus en portant le masque ?

—Ben non ?

—Sniff ! Zéro point. Des millions de personnes souffrent de problèmes respiratoires, d'asthme, d'anxiété et de stress post-traumatique en portant des masques.

—Maintenant réfléchis un peu. On ne fait pas de traitement préventif, on demande à une personne de rester chez elle ou on la consigne de force. Lorsque l'infection s'aggrave, on la fait rentrer à l'hôpital, et ?

—Et on la soigne.

—Exact, mais ce n'est pas la réponse que j'attendais. Zéro point !

—OK Pap, je viens de comprendre. Lorsque la personne est hospitalisée, c'est un « lit occupé » voire un « respirateur occupé » et on communique cela dans les médias.

—Exact fils ! One point. Et ?

—Et on gère la peur dans la population. Et lorsque l'on porte un masque, en plus de problèmes respiratoires, il y a la peur d'être verbalisé, auquel j'ajoute le prix des masques.

—Donc ?

—Lorsque le vaccin sera disponible, la population va courir pour se faire vacciner et retrouver une vie normale.

—Exact fils ! À la question, la vaccination est-elle inévitable ? La réponse est oui ! Nous irons tous comme des moutons nous faire vacciner. La peur fils, lorsqu'une population est sous l'emprise de la peur, elle fait ce qu'on lui dit de faire : *Faites-vous vacciner, plus de risque d'hospitalisation, plus de masques, plus de confinement. Vous pourrez sortir sans problème, pour « votre sécurité », nous surveillons tout à l'aide de drones et de la nouvelle génération d'internet, grâce à la 5G. Nous identifierons ainsi ceux qui ne seraient pas vaccinés ou n'auraient pas leur certificat de vaccination à jour. Toujours pour votre sécurité et votre « bonheur », la monnaie n'existera plus. La cryptomonnaie sera généralisée, nous pourrons ainsi contrôler vos achats et vous « guider »*. Bienvenue dans le monde d'après.

—Je ne veux pas de ce monde-là, Pap.

—Tu n'auras pas le choix. Tout est planifié depuis longtemps par les 70.

—Comment ça planifié depuis longtemps ?

—As-tu entendu parler de l'opération « Warp Speed », fils ?

—« Warp Speed » est la plus grande opération de vaccination de masse que le monde ait connue. L'objectif est de produire et de fournir 300 millions de doses de vaccins sûrs et efficaces contre la Covid-19, d'ici janvier 2021.

Naturellement, les principaux laboratoires en pointe sur le vaccin sont associés à cette opération, comme la société Moderna Therapeutics.

—C'est le laboratoire dont tu m'as parlé, j'ai fouillé sur Internet. Son PDG est un milliardaire français. Cocorico !

—Exact, fils. Il est noté sur Wikipedia : *En 2020, cette société semble se montrer une des plus rapides dans la mise au point d'un vaccin contre le coronavirus.*

—Et alors ?

—Juste histoire de parler.

—Pap, je te connais, tu ne dis jamais rien en l'air.

—Ah bon ? Je suis comme ça moi. En fait, la fondation Gates a fait un don de 20 millions de dollars à Moderna.

—Et alors ?

—Il y a aussi un « accord-cadre de projet de santé mondiale » entre les deux parties. La fondation étant prête à mettre au pot jusqu'à 100 millions de dollars pour développer la technologie d'ARNm, en échange de « certaines licences non exclusives », qui n'ont pas encore été spécifiées publiquement.

—Et alors ?

—Et alors ? Moderna a déposé le 28 mars 2019, le brevet modifié sur un vaccin contre le coronavirus : « HPIV3 RNA ».

La page web du brevet retrace la fabrication de chaque type de vaccins attribués à chaque forme de maladie respiratoire contractée par virus et comment fabriquer le bon.

https://patents.justia.com/patent/10702599

—Comment ça le 28 mars 2019 ? je ne comprends pas !

—Tu as parfaitement saisi, Moderna a déposé un brevet pour un vaccin traitant des problèmes respiratoires liés au coronavirus, 8 mois et 14 jours avant que le gouvernement chinois informe le bureau de l'OMS en Chine, le 31 décembre 2019, qu'un cas de pneumonie inconnue a été détecté à Wuhan.

JUSTIA Patents

HPIV3 RNA vaccines

Mar 28, 2019 ModernaTX, Inc.

The disclosure relates to respiratory virus ribonucleic acid (RNA) vaccines and combination vaccines, as well as methods of using the vaccines and compositions comprising the vaccines.

The Middle East respiratory syndrome coronavirus (MERS-CoV), or EMC/2012 (HCoV-EMC/2012), initially referred to as novel coronavirus 2012 or simply novel coronavirus, was first reported in 2012 after genome sequencing of a virus isolated from sputum samples from a person who fell ill during a 2012 outbreak of a new flu. As of July 2015, MERS-CoV cases have been reported in over 21 countries. The outbreaks of MERS-CoV have raised serious concerns world-wide, reinforcing the importance of developing effective and safe vaccine candidates against MERS-CoV.

Severe acute respiratory syndrome (SARS) emerged in China in 2002 and spread to other countries before brought under control. Because of a concern for reemergence or a deliberate release of the SARS coronavirus, vaccine development was initiated.

—Comment c'est possible ? « Ils » savaient alors !!!

—Il est également écrit sur la page web du brevet, que la société Moderna *revendique la nécessité d'un brevet de vaccin en raison de la crainte d'une réémergence ou d'une « libération délibérée du virus corona du SRAS »*.

—Ça répond à ta question *Comment se fait-il qu'il faille des années pour mettre sur le marché un nouveau vaccin, et que certains laboratoires en proposent en quelques mois seulement, avec 90% et plus de taux de réussite ?*

—Moderna a développé son vaccin en 65 jours ?

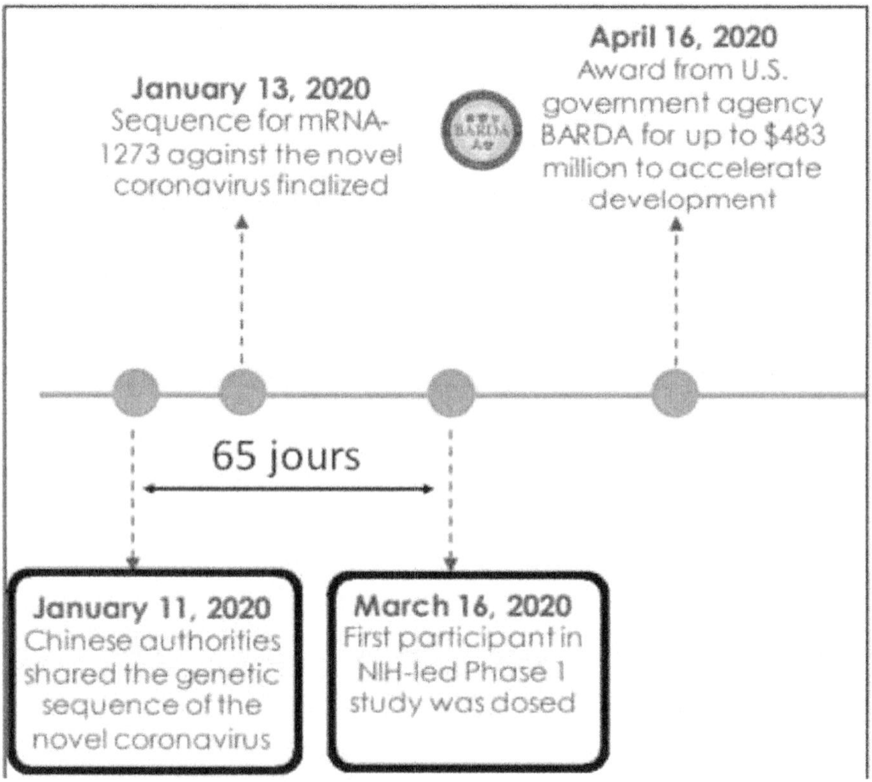

—Exact fils. D'après leurs documents sur Internet entre le 11 janvier 2020 et le 16 mars 2020.

— C'est abracadabrantesque !

—Toujours d'après des informations sur Internet, les autorités chinoises ont partégé la séquence génétique de ce nouveau vaccin.

> Moderna's Work on a COVID-19 Vaccine Candidate | ...
> https://www.modernatx.com/modernas-work-potential-vaccine-against-covid-19 ▾
> Chinese authorities shared the **genetic sequence of the novel coronavirus**. About mRNA-1273, Moderna's Vaccine Candidate Against COVID-19 Frequently asked questions about our technology & platform

—Alors les chinois qui développe leur propre vaccin avec le laboratoire Sinovac Biotec où Bill Gates a investi, partage des infos sur le coronavirus avec Moderna ou Bill Gates a également mis des illions de dollars Mais comment c'est possible ? On ne partage pas ce type d'infos avec un concurrent potentiel, et surtout en pleine crise américano-chinoise. La chine créée sa propre concurrence pour mieux la maîtriser, c'est ça Pap ?

—Disons que ce sont les mytères de la polique et surtout des grands de ce monde. Et si on demandait aux chiffres ce qu'ils en pensent, fils ?

—Ah oui, bonne idée.

—Souviens-toi de ce que je t'ai appris.

—J'ai déjà fait, Pap. 28 mars 2019, la date du dépôt du brevet s'écrit : (28) + (3) + (20) + (10) = 70 et CORONAVIRUS est chiffré 70.

—Pas mal, fils. C'est tout ?

—Ben oui !

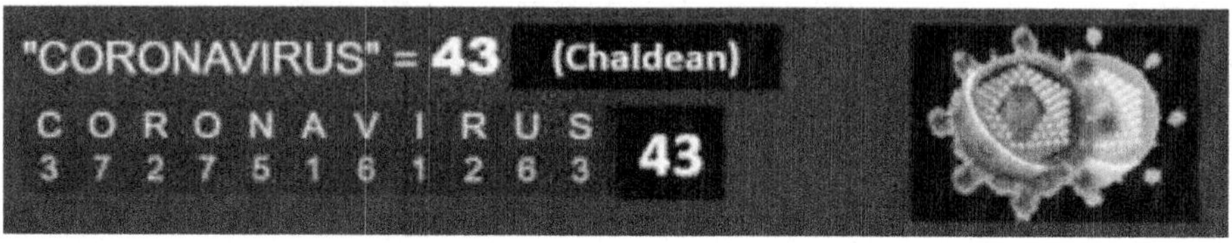

—Le 28 mars 2019 c'est aussi (28) + (3) + (2) + (0) + (1)) + (9) = 43 et CORONAVIRUS est aussi chiffré 43.

—Tu savais avant que je commence le chiffrement. Comment tu fais ?

—Je fais quoi, fils ? Ah j'allais oublier, en mars 2019 La fondation Bill et Melinda Gates faisait un don de 1 051 128 dollars à Moderna.

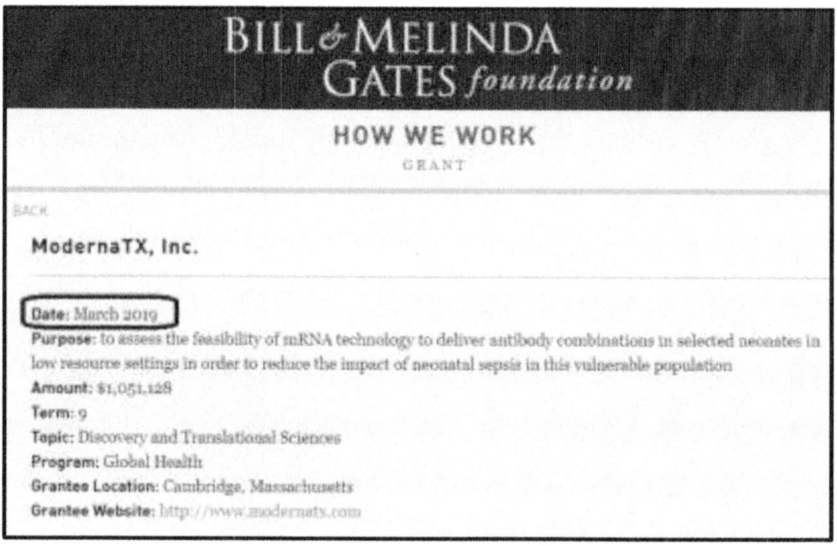

BILL & MELINDA GATES foundation

HOW WE WORK

GRANT

BACK

ModernaTX, Inc.

Date: March 2019
Purpose: to assess the feasibility of mRNA technology to deliver antibody combinations in selected neonates in low resource settings in order to reduce the impact of neonatal sepsis in this vulnerable population
Amount: $1,051,128
Term: 9
Topic: Discovery and Translational Sciences
Program: Global Health
Grantee Location: Cambridge, Massachusetts
Grantee Website: http://www.modernatx.com

—Mais c'est en mars 2019 que le dépôt de brevet a été fait !

—Sans doute un hasard fils.

—Sais-tu ce qu'est « DC Bill B23-0171 » ?

—Encore un truc de Bill Gates ?

—Non ! DC Bill B23-0171 est un projet de loi de Washington DC accordant aux enfants de 11 ans et plus d'être vaccinés sans autorisation parentale.

—Comment ça sans l'aval des parents ?

—Le projet de loi permettrait non seulement aux enfants âgés de 11 ans et plus de donner l'autorisation aux médecins pour qu'ils les vaccinent avec ou sans le consentement de leurs parents, en obligeant également les compagnies d'assurance, les administrateurs de vaccins et les écoles à ne pas informer les parents.

—C'est dingue Pap !

—B23-0171 a été adopté lors de la première lecture du 20 octobre 2020. Il y aura une deuxième lecture et un vote final lors de sa réunion législative prévue le 10 novembre 2020. Trayon White Sr a été le seul membre du conseil à voter contre ce projet de loi, parce qu'il viole les droits parentaux.

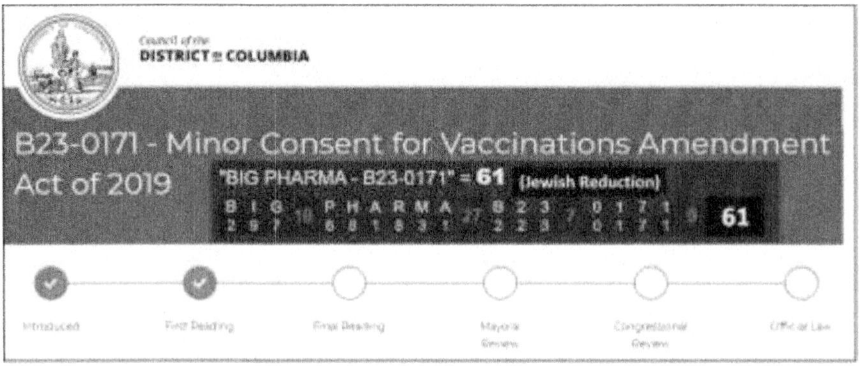

—BIG PHARMA – B23-0171 est chiffré 61, Pap ?

—Le hasard fils.

—Non Pap, Le Monde d'après.

—Oui, fils nous y sommes en espérant qu'ils n'iront pas jusqu'à nous implanter des trucs sous la peau.

—Pourquoi tu dis ça, Pap ?

—Je pensais juste à un investissement de Bill Gates.

—Et alors ?

— En 2016, la Fondation Bill & Melinda Gates a investi près de 14 millions de dollars dans la société Intarcia Therapeutics Inc. pour développer une pompe à médicament implantable sous la peau afin de les protéger contre le VIH.

https://www.wsj.com/articles/gates-foundation-to-invest-up-to-140-million-in-hiv-prevention-device-1483023602

BILL & MELINDA GATES foundation

Intarcia Therapeutics, Inc.

Date: May 2017
Purpose: to develop a HIV pre-exposure prophylaxis technology for use in the developing world in order to further reduce the incidence rate of HIV infections
Amount: $13,316,909
Term: 38
Topic: HIV
Program: Global Health
Grantee Location: Boston, Massachusetts
Grantee Website: http://www.intarcia.com/

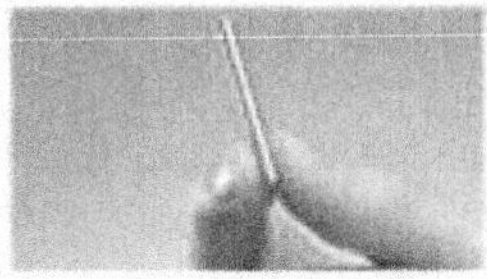

— Je n'en crois pas mes yeux !

— Tu sais ce que cela veut dire, fils, un implant sous la peau.

— La surveillance.

— Exact fils. Bon il est l'heure de ma partie de quille.

— Une dernière question.

— La dernière, on m'attend.

— Crois-tu au vaccin contre la Covid-19 ?

— Dernière question fils.

— En avril 2020, l'Islande a déjà découvert 291 mutations de COVID-19. Afin d'isoler le virus pour produire un vaccin « salvateur », les chercheurs islandais doivent continuellement réévaluer et créer un nouveau vaccin à mesure qu'il mute. À ce jour, ils ne sont toujours pas en mesure de produire un vaccin efficace contre un coronavirus.

https://www.prnewswire.com/news-releases/iceland-provides-a-picture-of-the-early-spread-of-covid-19-in-a-population-with-a-cohesive-public-health-response-301040442.html

— « Ils » ont dit à la télévision que le virus ne mutait pas.

— « Ils » ont aussi dit que seules les personnes âgées étaient à risque. En France, le Jeudi 27 août 2020, le ministre de l'Éducation a confirmé que tous les élèves de plus de 11 ans doivent se couvrir le nez et la bouche d'un masque grand public », et ce jusque dans les cours de récréation.

— À partir de 11 ans ! Bientôt un projet de loi B23-0171 à la française, Pap ?

— Bienvenue dans le monde d'après Fils.

— Je suis triste de voir le monde d'aujourd'hui, alors j'espère que le monde d'après sera meilleur.

— Pourquoi es-tu triste ?

— Je suis triste de voir les pauvres pleurer, tomber malade, perdre leur emploi, pendant que d'autres s'enrichissent. Triste n'est pas le bon mot. Je suis écoeuré Pap.

— Tu ne sais pas si bien dire fils. D'après la revue Forbes du 23 mai 2020, après seulement deux mois de pandémie, certains comme Bill Gates ont vu leur fortune augmenter de plus de 10 milliards de dollars.

Forbes

1 053 450 views | May 23, 2020, 07:00am EDT

The World's 25 Richest Billionaires Have Gained Nearly $255 Billion In Just Two Months

BILL GATES

NET WORTH | **$106.5 BILLION, UP $11.9 BILLION**

COUNTRY | **UNITED STATES**

SOURCE OF WEALTH | **MICROSOFT**

— Je sais ce que je veux faire comme métier plus tard, Pap.

— Cyber journaliste d'investigations ?

— Non, philanthrope !

— Il faudra que tu fasses attention alors.

— Pourquoi ?

—Parce qu'une pétition a été lancée le 10 avril 2020, à l'encontre de la Fondation Bill et Melinda Gates, pour *faute professionnelle médicale et crimes contre l'humanité*.

https://petitions.whitehouse.gov/petition/we-call-investigations-bill-melinda-gates-foundation-medical-malpractice-crimes-against-humanity

Il est écrit.

Alors que nous examinons les événements entourant la pandémie COVID-19, diverses questions restent sans réponse.

Le 18 octobre 2019, quelques semaines seulement avant la déclaration de Ground Zero à Wuhan, en Chine, deux événements majeurs ont eu lieu. L'un est « l'événement 2O1 », l'autre se situe à Wuhan avec les jeux mondiaux militaires. Depuis lors, une campagne mondiale pour les vaccins et le suivi biométrique a été lancée.

Au premier rang, Bill Gates a déclaré publiquement son intérêt à réduire la croissance démographique de 10 à 15%, au moyen de la vaccination. Bill Gates, l'UNICEF et l'OMS ont déjà été accusés de manière crédible de stériliser intentionnellement des enfants kényans en utilisant un antigène HCG caché dans les vaccins contre le tétanos.

— C'est pas possible !

— Ce n'est que la face cachée. Microsoft a déposé un brevet pour un « Système de cryptomonnaie utilisant des données d'activité corporelle ».

https://patents.google.com/patent/WO2020060606A1/fr

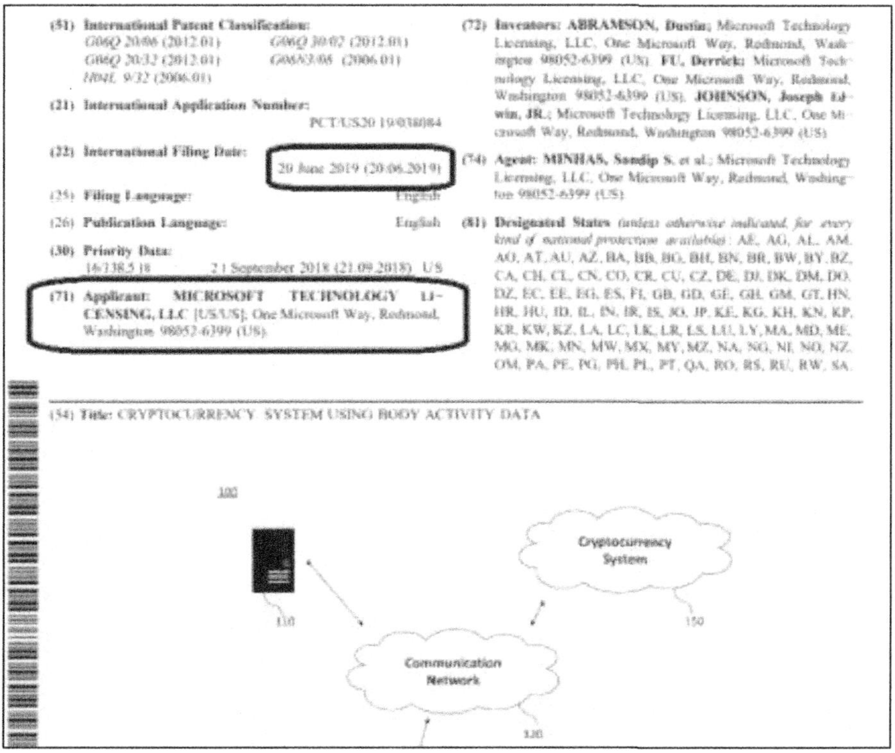

(51) International Patent Classification: G06Q 20/06 (2012.01) G06Q 30/02 (2012.01) G06Q 20/32 (2012.01) G06N3/08 (2006.01) H04L 9/32 (2006.01)

(21) International Application Number: PCT/US2019/038084

(22) International Filing Date: 20 June 2019 (20.06.2019)

(25) Filing Language: English

(26) Publication Language: English

(30) Priority Data: 16/138,518 21 September 2018 (21.09.2018) US

(71) Applicant: MICROSOFT TECHNOLOGY LICENSING, LLC [US/US]; One Microsoft Way, Redmond, Washington 98052-6399 (US).

(72) Inventors: ABRAMSON, Dustin; Microsoft Technology Licensing, LLC, One Microsoft Way, Redmond, Washington 98052-6399 (US). FU, Derrick; Microsoft Technology Licensing, LLC, One Microsoft Way, Redmond, Washington 98052-6399 (US). JOHNSON, Joseph Edwin, JR.; Microsoft Technology Licensing, LLC, One Microsoft Way, Redmond, Washington 98052-6399 (US).

(74) Agent: MINHAS, Sandip S. et al.; Microsoft Technology Licensing, LLC, One Microsoft Way, Redmond, Washington 98052-6399 (US).

(81) Designated States *(unless otherwise indicated, for every kind of national protection available)*: AE, AG, AL, AM, AO, AT, AU, AZ, BA, BB, BG, BH, BN, BR, BW, BY, BZ, CA, CH, CL, CN, CO, CR, CU, CZ, DE, DJ, DK, DM, DO, DZ, EC, EE, EG, ES, FI, GB, GD, GE, GH, GM, GT, HN, HR, HU, ID, IL, IN, IR, IS, JO, JP, KE, KG, KH, KN, KP, KR, KW, KZ, LA, LC, LK, LR, LS, LU, LY, MA, MD, ME, MG, MK, MN, MW, MX, MY, MZ, NA, NG, NI, NO, NZ, OM, PA, PE, PG, PH, PL, PT, QA, RO, RS, RU, RW, SA

(54) Title: CRYPTOCURRENCY SYSTEM USING BODY ACTIVITY DATA

— C'est quoi ça encore ?

— C'est simple, on t'incorpore un implant dans le corps et on pourra te suivre partout, surveiller aussi bien tes achats que ton carnet de santé.

Et si tu n'es pas vacciné contre la Covid-19, tu seras considéré comme un hors la loi.

—C'était ça l'objectif ultime de l'opération VIRUS 38 ?

—Regarde l'identifiant du brevet ?

—WO2020060606A1, c'est juste un code, Pap !

— Tu as toujours voulu savoir d'où provenait le 61. MICROSOFT - WO2020060606A1 est chiffré 610, donc 61 selon la méthode « Reserse Satanic » et moi je vois trois « 6 » dans le code. Et dire que nous avions été prévenus il y a 500 ans.

— Prévenu de quoi ?

— Du monde d'après, fils.

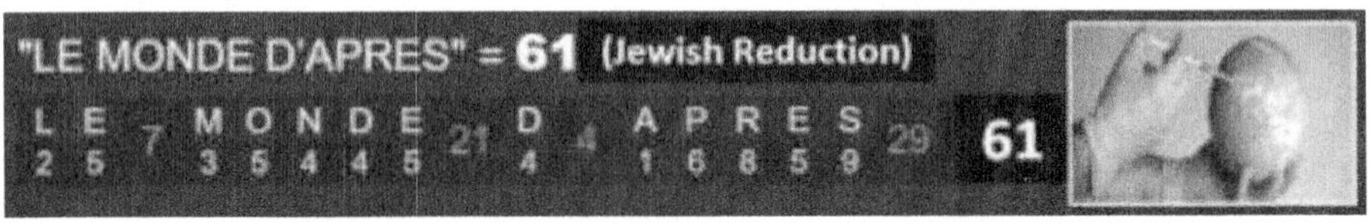

— Qui nous avait prévenu ? C'est quoi le monde d'après ?

— Tu veux vraiment savoir ce que sera le monde d'après, fils ?

— Oui Pap. Mais aussi qui nous avait prévenu ?

— Commençons par le monde d'après. Le monde post-Covid est ni plus ni moins, qu'un projet diabolique du WEF (World Economic Forum) intitulé « Réinitialiser l'agenda du travail de l'avenir ». Le projet présenté dans un document de 31 pages élaboré par 200 directeurs des ressources humaines de très grandes entreprises, ressemble à un plan pour réduire à néant ce qui restait du monde d'avant la pandémie.

https://www.weforum.org/whitepapers/resetting-the-future-of-work-agenda-disruption-and-renewal-in-a-post-covid-world

« Réinitialiser le futur » est en fait un livre blanc, ce qui signifie que ce n'est pas tout à fait une version définitive. Il s'agit d'une sorte d'ébauche, un ballon d'essai, pour analyser les réactions de la population.

— À condition qu'elle le lise.

—Exact fils. De nombreuses personnes ne le liront pas, et ne connaîtront jamais son existence. S'ils l'apprendraient, ils iraient combattre ce plan totalitaire, proposé au monde par le WEF.

—Il y a quoi dans ce document, Pap ?

—Il promet un avenir horrible à environ plus de 80% de la population (survivante de la Codiv-19) d'ici 2030.

—C'est comme le livre « 1984 » de George Orwell

—Le livre 1984, est un fantasme de moindre impact comparé à ce que le WEF a en tête pour l'humanité. Avalez la pilule, chers lecteurs, pour votre bien. Le Davos aristocratie et le WEF veulent ce qu'il y a de mieux pour vous et ont la gentillesse de réinitialiser vos vies en 2021. Pas besoin de consultation démocratique, qui ne ferait que ralentir le processus de votre salut.

Voici ce que ce plan pour faire aimer aux « travailleurs » la destination vers auquel ils ne peuvent pas échapper.

- ✓ Accélérer les processus de travail numérisés, de telle façon que 84% d'entre-eux se réalisent sous forme de conférences numériques ou virtuelles. *Autrement dit, plus d'interaction entre collègues, distanciation sociale absolue, les individus ne les croiront plus.*
- ✓ Environ 50% de toutes les tâches devraient être automatisées. *En d'autres termes, la contribution humaine sera considérablement réduite, même pendant le travail à distance.*

- ✓ Accélérer la numérisation de la mise à niveau et de la requalification (par exemple, les fournisseurs de technologies éducatives) - 42% de la mise à niveau des compétences ou de la formation à de nouvelles compétences seront numérisées. *En d'autres termes, pas de contact humain - tout sur ordinateur, intelligence artificielle (IA), algorithmes, etc.*
- ✓ Accélérer la mise en œuvre des programmes de mise à niveau et de requalification - 35% des compétences devraient être « ré-outillées ». *Par conséquent les compétences existantes devraient être abandonnées.*
- ✓ Accélérer les transformations organisationnelles en cours. 34% des configurations organisationnelles actuelles devraient être « restructurées ». *En d'autres termes, les structures organisationnelles existantes seront déclarées obsolètes, pour céder la place à de nouveaux ensembles de cadres organisationnels, le numérique offrant un contrôle maximal de toutes les activités.*
- ✓ Réaffecter temporairement les travailleurs à différentes tâches - cela devrait toucher 30% de la main-d'œuvre. *Cela signifie que les échelles de salaire seront totalement différentes - très probablement des salaires invivables, ce qui ferait du « salaire de base universel » ou du « revenu*

universel » une réalité : un salaire permettant à peine de survivre décemment. Cela nous rendra pleinement dépendants du système - un système numérique, sur lequel nous n'aurons aucun contrôle.

- ✓ Réduire temporairement la main-d'œuvre. Cela devrait toucher 28% de la population. *Vive les ingénieurs !*
- ✓ Réduire d'environ 13% les effectifs de travail à temps plein. *Naturellement le salaire suivra !*
- ✓ Augmenter temporairement la main-d'œuvre de 5%, *sans savoir quel type de main-d'œuvre sera concerné. Probablement une main-d'œuvre non qualifiée qui sera également remplacée tôt ou tard par l'automatisation, par l'IA et la robotisation.*
- ✓ Augmenter de 1% seulement la main-d'œuvre à temps plein.

—Mais c'est quoi tout ça, Pap ?

—C'est le processus concret de mise en œuvre de » The Great Reset », chiffré 61, qui prévoit pareillement, un système de crédit, dans lequel toutes les dettes personnelles seraient « effacées », contre la remise de tous les avoirs personnels à un organe administratif ou une agence (genre FMI). Ainsi, on ne possédera plus rien - et nous serons « heureux ». C'est le conception de « Nous prédestinons et nous conditionnons ».

—Pas cool ça, Pap.

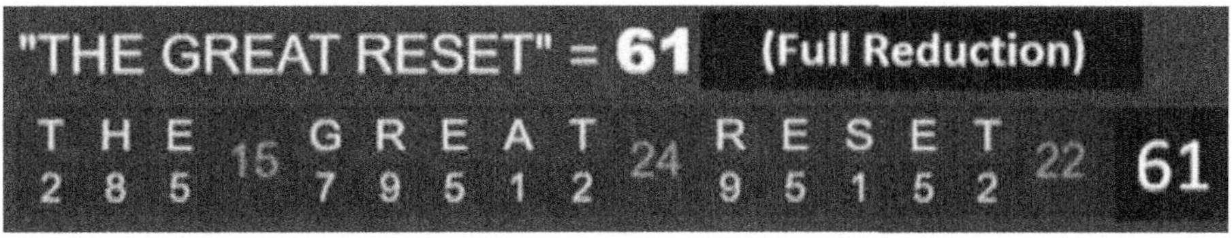

—Tu crois ? N'oublie pas que tu auras été vacciné contre la Covid-19, qu'ils auront implanté dans ton corps une puce pour connaître ton passeport santé en temps réel ou à défaut dans ton téléphone afin d'être facilement géolocalisé. Tu seras autorisé ou non, à aller au restaurant, en salle de sport, prendre l'avion ou le train, et d'autres choses encore, que tes paiements s'effectueront en cryptomonnaie, sans oublier les drones, les satellites, le nouvel Internet. La 5G et la 6G à venir permettront à 5% de la population d'en surveiller et d'en influencer 95%.

— Pap, personne ne touche mon téléphone.

— Ah, que c'est beau l'innocence de la jeunesse. Le 15 septembre 2020, les institutions gouvernementales des États-Unis qui s'occupent de la recherche médicale et biomédicale (National Institutes of Health) ont annoncé avoir attribué des contrats à sept entreprises développant des solutions de santé numérique pour le SRAS-CoV-2, le virus responsable de la COVID-19.

Les contrats d'une valeur de 22,8 millions de dollars sont axés sur l'utilisation de l'intelligence artificielle (IA), l'apprentissage automatique et d'autres méthodes, combinés à des applications pour smartphones, appareils portables et logiciels « capables d'identifier et de retracer les contacts des personnes infectées, de les suivre, vérifier les résultats du test COVID-19 et surveiller l'état de santé des personnes infectées et potentiellement infectées ». Les entreprises sélectionnées sont :

- ✓ iCrypto, Inc. (Santa Clara, Californie)
- ✓ Shee Atiká Enterprises, LLC (Sitka, Alaska)
- ✓ Université de Californie, San Francisco
- ✓ PhysIQ, Inc. (Chicago)
- ✓ Vibrent Health (Fairfax, Virginie)
- ✓ IBM (Armonk, New York)
- ✓ Evidation Health, Inc. (San Mateo, Californie)

Ces entreprises ont des liens avec la Fondation Bill et Melinda Gates, la Defense Advanced Research Projects Agency (DARPA), Apple et Google.

— Bill Gates a aussi investi dans le développement de ces technologies ?

— Exact fils.

BILL & MELINDA GATES foundation

HOW WE WORK

GRANT

BACK

Evidation Health Inc

Date: May 2020
Purpose: to develop a digital biomarker of COVID-19 and understand an individual's susceptibility to infection and cascading effects of disease
Amount: $242,000
Term: 8
Topic: Support Innovative Technology Solutions
Program: Global Health
Grantee Location: San Mateo, California
Grantee Website: https://evidation.com/

Le NIH a ainsi attribué à la société numérique iCrypto, Inc. un contrat pour développer une plate-forme basée sur smartphone pour fournir la preuve de l'état des tests, des sérologies et de la vaccination. L'entreprise propose une solution étendue qui englobe plusieurs facteurs d'authentification tels la numérisation d'empreintes digitales, les photographies, la reconnaissance faciale, le comportement des utilisateurs et les codes PIN, iCrypto est aujourd'hui la solution la plus complète du genre sur le marché.

https://www.linkedin.com/company/icrypto/

En septembre 2020, les chercheurs de l'Université de Californie à San Francisco (UCSF) ont invité le public à partager leurs données de localisation collectées par Google, via leurs smartphones et appareils mobiles. Le partage et la surveillance des données font partie d'une nouvelle étude appelée Covidseeker, qui vise ostensiblement à améliorer les efforts de recherche des contacts et à aider les scientifiques à comprendre comment le coronavirus se propage d'une personne à l'autre. Voici le lien, dommage que tu ne puisses plus essayer, fils...

15

Tout est prévu depuis 500 ans.

Arnaud franchit sa dernière porte terrestre quelques jours seulement après son père.

Ce dernier savait que son fils chercherait à connaître son avenir à l'aide du chiffrement. C'est pourquoi il ne lui avait pas présenté toutes les techniques de décryptage.

Effectivement, il n'y avait pas de 38 ou de 83 sur son prénom ni sur aucune autre information le concernant, mais il y avait 163. Or, ce nombre est le 38e nombre premier.

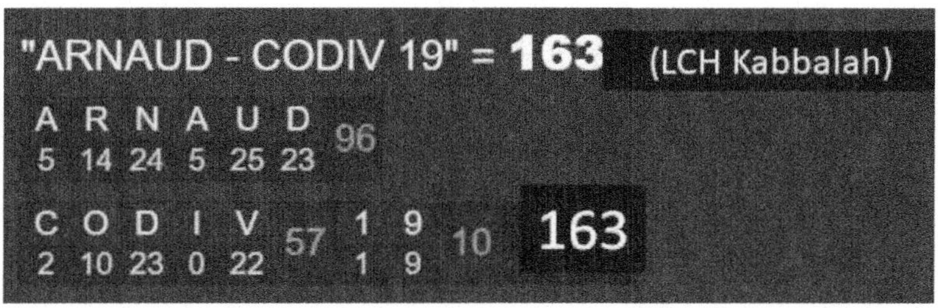

Arnaud avait été contaminé par son père. Un médecin de l'équipe Covid-19 de l'hôpital qui connaissait la famille l'avait installé auprès de lui. Le lit vide qui avait retenu l'attention d'Arnaud lorsqu'il rendit visite à son père était le sien. Il l'attendait et n'allait pas tarder à le rejoindre. Le père et le fils côte à côte dans la même chambre.

Le subconscient d'Arnaud, guidé par celui de son père, ressentait tout, discernait tout, éprouvait tout. C'est ainsi que leurs esprits poursuivaient le dialogue.

L'une des dernières images avant d'être artificiellement plongé dans le coma alors que son père l'était déjà, fut l'écran et le clavier des appareils de contrôle de la respiration. Chaque fois qu'un membre du personnel soignant saisissait des données, Arnaud assimilait le cliquetis des touches à une intervention de son père.

Lorsqu'Arnaud franchit le dernier pas de porte, le tracé plat de son électroencéphalogramme affiché sur l'écran du moniteur de surveillance situé dans la chambre est remplacé par des images défilant en boucle au son de la musique et des paroles de « The End » de Morrison.

« Kill, kill, kill, kill, kill, kill - Tue, tue, tue, tue, tue, tue - Voici la fin

Mon bel ami - voici la fin - Mon seul ami, la fin.

C'est un MEURTRE (KILLING) ».

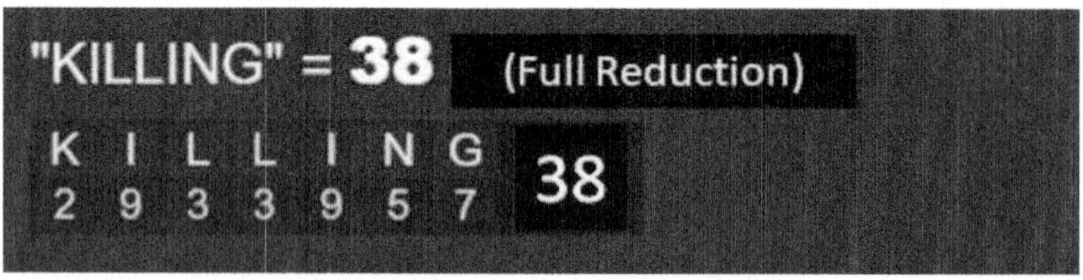

À la fin de cette chanson, une première image apparaît sur les écrans situés dans la chambre : celle du visage de Léonard de Vinci.

Une voix qui semblait venir du fin fond de l'univers commence à se faire entendre.

Salut les terriens.

Votre belle planète bleue est au plus mal et pourtant vous auriez pu éviter cela si vous aviez su décrypter mon recueil de « 18 » feuilles doubles, soit 72 pages, rédigés en écriture « miroir », appelé le CODEX. Et oui encore le 18 !

Si vous aviez lu le CODEX chiffré 38, vous auriez noté que la chauve-souris est le symbole de vos malheurs.

Si vous aviez lu le CODEX vous auriez noté à la page 61, le nombre 38 écrit en écriture miroir, où le 3 est représenté sous la forme d'une chauve-souris.

Un certain BILL GATES a acquis en 1994 le CODEX chiffré 38, et a ainsi pu découvrir les secrets qu'il cachait.

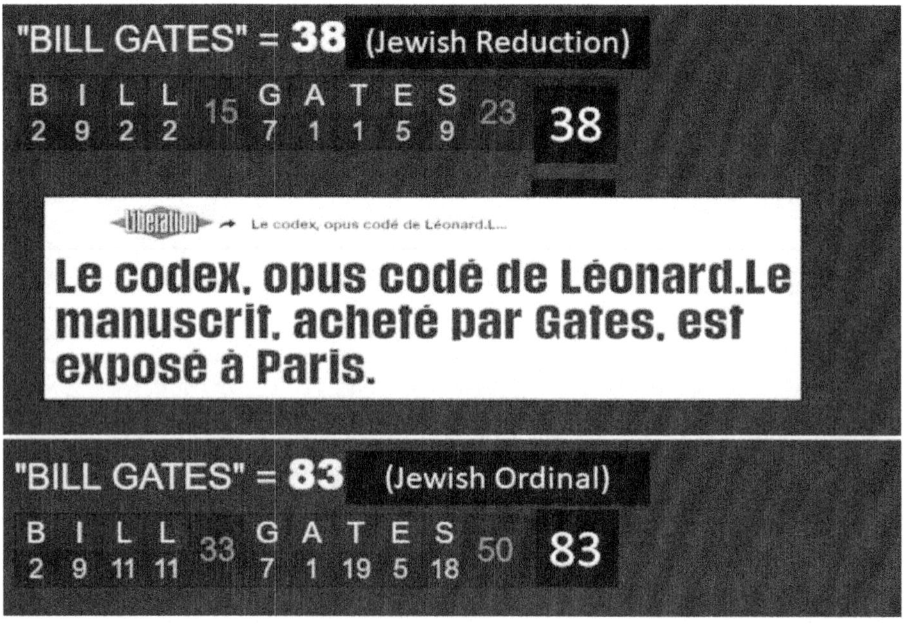

Je vous avais laissé en fait plusieurs indices, mais vous n'avez pas su les décoder.

Que n'ai-je pas entendu, lu, vu, depuis 500 ans, à propos du tableau représentant le dernier repas de Jésus.

Certains affirmaient que l'un des disciples était Marie Madeleine, d'autres considéraient que la position des mains des disciples correspondait aux signes du zodiaque, ou encore qu'il manquait une main, que le couteau était tenu par Judas, et même que l'espace vide à la droite de Jésus symbolisait un calice, et j'en passe !

Autant d'analyses et de décryptages erronés, car Ils avaient oublié que j'étais avant tout un scientifique.

Dans la première version du tableau, j'ai peint 13 invités, et j'ai représenté le « diable » en noir à la droite de Jésus.

Le Christ et l'Antéchrist sont indissociables.

L'un ne va pas sans l'autre, ils sont complémentaires, comme l'ombre ne peut pas exister sans la lumière.

Il ne peut y avoir de Christ sans Antéchrist, et peu importe de savoir si le premier est l'œuvre du second, ou l'inverse.

Naturellement, cela n'a pas plu à mon commanditaire Ludovic le More, qui s'empressa d'informer les plus hautes autorités de l'église. J'ai donc effacé le 13e invité « indésirable » par l'église, mais j'ai laissé deux indices.

Le premier est sur le tableau lui-même que j'ai peint en utilisant une peinture spéciale qui, avec le temps, s'estomperait et laisserait apparaître deux formes. Entre 1840 et 1850 une série de photos du tableau a été prise par un photographe italien.

Le tableau se nomme « The Last Supper » en anglais, « Il Cenacolo » en italien et « La Cène » en français. J'ai donc choisi celui-ci pour laisser des signes insolites. Comme vous pouvez le voir il est chiffré 38.

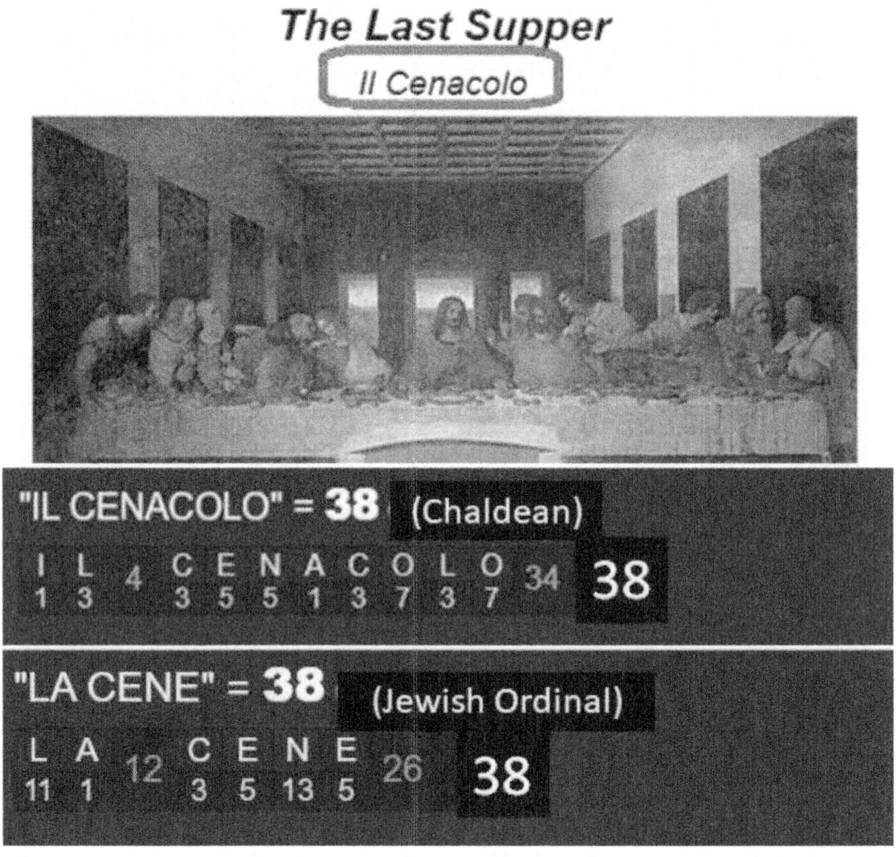

Vous avez passé 22 ans à restaurer ce tableau, pour l'offrir de nouveau aux yeux des visteurs le 28 mai 1999 à Milan et vous n'avez pas vu que cette date, qui n'est pas une fiction, correspondait à 61 ! (28) + (5) + (1) + (9) + (9) + (9).

Je vous avais prévenu dans ce tableau qu'une chauve-souris (BAT) serait le point de départ, d'un « VIRUS » et d'une malédiction (CURSE)

– Ceci n'est pas une fiction !

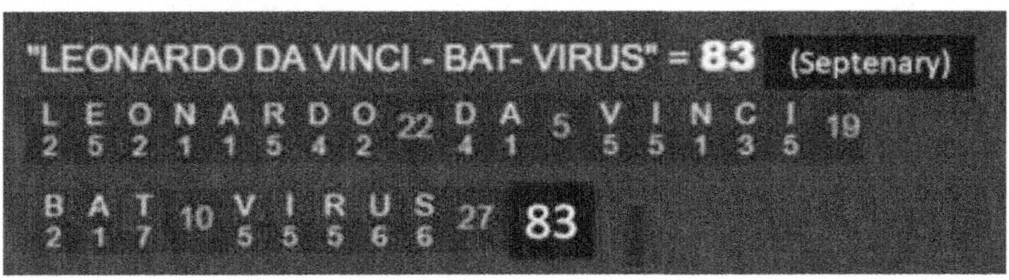

Les chauves-souris sont prisées en Chine, contrairement aux États-Unis où l'on méprise ce chiroptère. Le mot chinois pour chauve-souris est « fu » qui illustre la chance, le bonheur.

Les Chinois usent des chauves-souris en décoration, ils en brodent même sur leurs vêtements. Elles sont également utilisées pour honorer les morts dans les sanctuaires. S'attaquer à ces mammifères c'est s'en prendre à la culture chinoise.

J'ai également peint dans les armoiries juste au-dessus du tableau de la Cène (The Last Supper), un « SERPENT » chiffré 38. Ceci n'est pas une fiction.

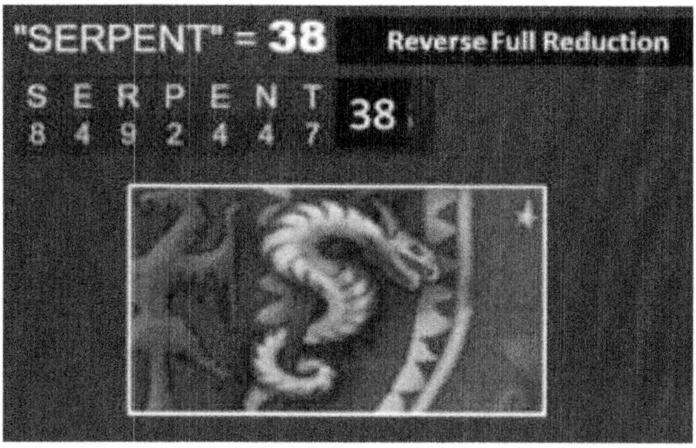

La République populaire de Chine et le « SERPENT » sont chiffrés 38.

Je vous ai même indiqué le lieu précis en Chine où se déroulerait l'opération VIRUS 38

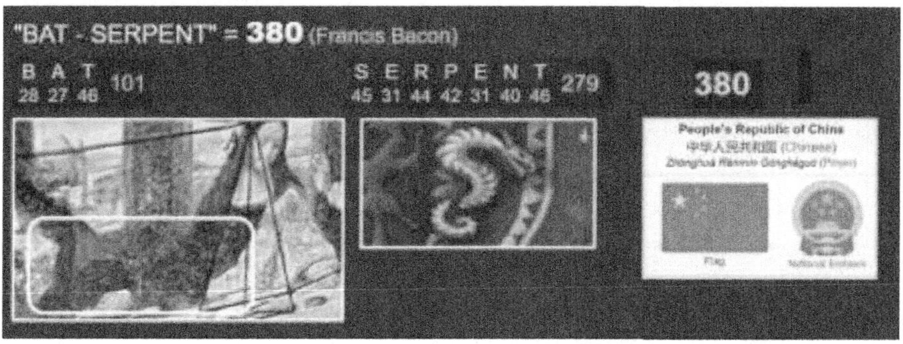

Une page web de l'institut virologique de Wuhan comporte deux images d'un virus avec une chauve-souris et un serpent. Ceci n'est pas une fiction.

http://english.whiov.cas.cn/About_Us2016/Brief_Introduction2016/

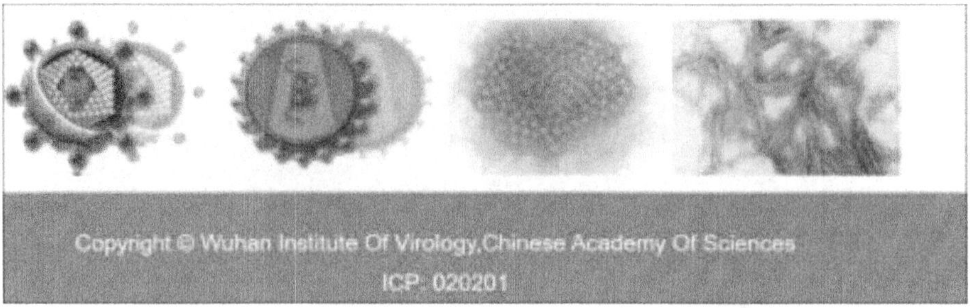

WUHAN – BAT – SERPENT est chiffré 61 et 83. Mais vous n'avez pas su décrypter.

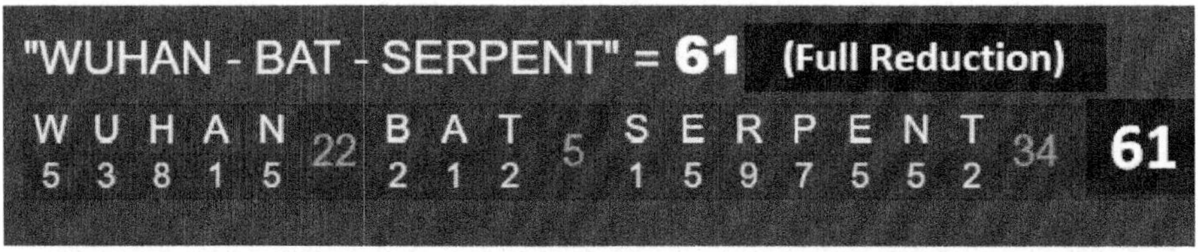

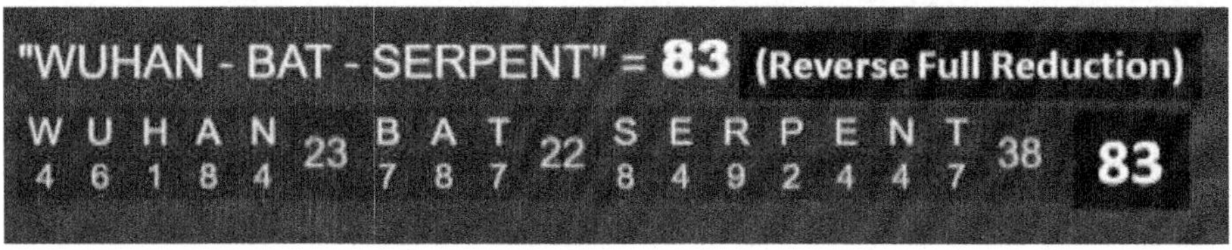

Je vous ai même indiqué la date, 500 ans après ma mort le 2 mai 1519, donc en 2019. Mais là encore vous n'avez rien vu.

Dans le tableau j'ai dessiné au-dessus de la chauve-souris la tête de LUCIFER le SERPENTAIRE, tous deux chiffrés 61.

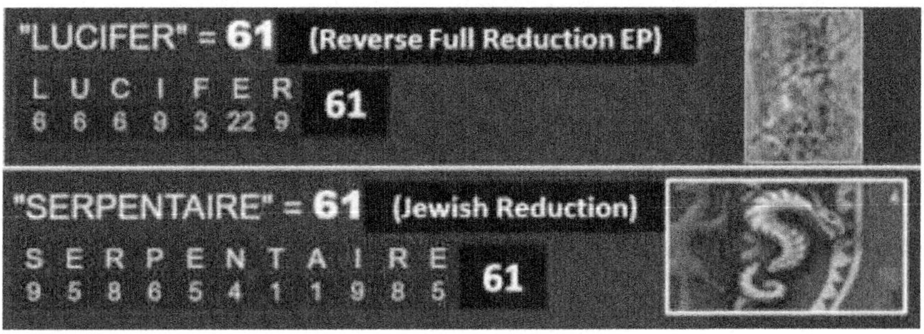

Vous vous demandez toujours ce que signifie le nombre 61 ?

LA PEUR, et que cela soit en français ou en anglais, la peur reste la peur, chiffré 61.

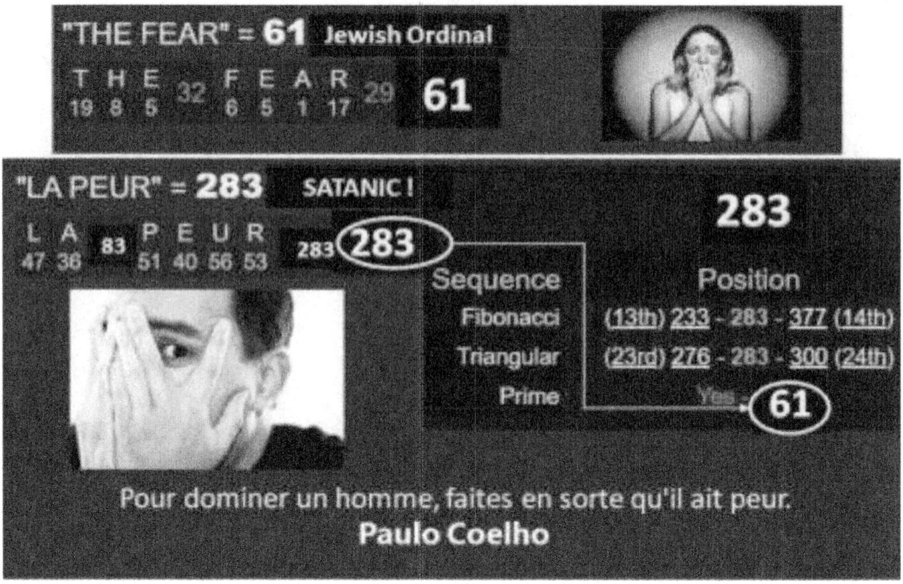

****

La politique de la peur pour un gouvernement, consiste à instiller la peur au sein de sa population pour lui faire accepter l'adoption de lois sécuritaires. Il espère ainsi pouvoir assurer son maintien car les citoyens sont alors prêts à limiter progressivement leurs libertés en échange d'une hypothétique sécurité.

Pour ce faire constate dès le début du 20ième siècle, le journaliste et critique américain Henry Louis Mencken, le but de la politique est de fixer la population inquiète et donc en demande d'être mise en sécurité en la menaçant d'une série ininterrompue de monstres, tous étant imaginaires.

L'efficacité de cette politique de la peur serait due au fait que l'évaluation des risques et les façons de s'en protéger résultent d'un comportement émotionnel entretenu régulièrement par le pouvoir, et non d'une attitude rationnelle. Et comme le dit Michel Maffesoli, il convient d'établir un « véridique rapport » sur le libéral mondialiste.

Le propos n'est pas de nier la gravité de la Covid-19, mais de bien noter que les dirigeants surjouent jusqu'à plus soif la panique d'une pandémie galopante.

La peur à ce niveau nous renvoie spontanément au livre 1984 de George Orwell. *Ceux qui détiennent le pouvoir économique, politique et journalistique souhaitent faire oublier que leur seul but est le maintien du nouvel ordre mondial dont ils sont les protagonistes.*

La manipulation des hommes afin de mieux les asservir a été décrite par Platon dans le mythe de la caverne. Nous sommes comme des prisonniers enchaînés dans une grotte, et qui ne voient du vrai monde que les ombres projetées par la lumière du dehors sur le mur de la paroi du fond.

Napoléon 1er n'affirma-t-il pas qu'aux yeux des fondateurs des grands empires, les hommes ne sont pas des hommes, ce sont des instruments.

Pour Bill Gates il ne s'agit plus d'un empire parmi d'autres, mais bien d'un seul empire mondial dont il serait le maître marionnettiste.

L'absence de conflit mondial majeur depuis des décennies, l'amélioration des conditions de vie en général en occident, a créé un type d'individu singulier dans l'histoire de l'humanité, l'hédonisme étant devenu règle commune.

Chemin faisant, les populations se sont désengagées en donnant quitus à une technocratie alambiquée aux formes variées, nous avons perdu combativité et acceptation de ce qui va inéluctablement arriver dans notre parcours de vie.

L'entraînement à la résistance disparue en jumelage avec une absence de conscience objective de notre condition a favorisé une nouvelle version de l'exploitation de l'homme par l'homme au seul moyen de la peur.

Une psychologie sociale dénaturée produit de l'angoisse, certains scientifiques émettent sans discontinuer des thèses peu rassurantes, beaucoup de journalistes servent la soupe et l'information devient mythique.

Toutes les données sont constamment réunies pour faire de la peur l'outil suprême de direction des populations, insidieusement diffusée au quotidien et de façon protéiforme :

Séismes, inondations, tsunamis, SRAS, Ebola, Zika,, H1N1 et enfin la star la Covid-19 bombe atomique de l'anxiété qui donne le coup de grâce en révélant un environnement déjà peu stable au regard des troubles sociaux et de la montée de l'islamisme.

L'angoisse de la mort attise l'instinct de survie et l'emporte systématiquement sur le bon sens, on ne réagit plus à la raison, mais à l'émotion.

Dès lors, il devient facile d'esquiver la colère en la remplaçant par la culpabilité savamment distillée au fil des jours et d'instaurer une manière invisible de gouverner, cousine germaine de la dictature.

La peur arme redoutable est constitutive de l'autorité politique, c'est la formule idéale qui prépare à obéir. La trame de cette stratégie ancestrale nécessite juste une remise à jour périodique.

D'abord, employer le bon vocable organisé en une taxonomie précise de la frayeur faisant disparaître la palpabilité du danger au profit de probabilités invérifiables ou surréalistes.

Ce n'est pas la réalité qui compte, mais sa perception, en est le principe !

Ensuite, reprocher le manque de discipline dans la perspective d'un mea culpa pénitent.

La fabrique du consentement progresse en abattant prestement ses cartes : Politique du choc permanent, pourrissement par un nombre de tergiversations déroutantes, infantilisation, restriction punitive des libertés.

La machinerie de la docilité s'installe crescendo renforçant les procédures de contrôles avec le concours de la délation.

La peur est le terreau du système mondial depuis toujours.

Pour ceux et celles qui ne sont pas américains ou n'ont pas vécu ou étudié dans ce pays, permettez-nous de vous dire ce que tout enfant américain apprend sur l'histoire des États-Unis lorsqu'il grandit dans ce pays.

Pendant la grande dépression, Franklin Roosevelt, qui était l'un des plus grands présidents américains, a déclaré : *La seule chose que nous devons craindre, c'est la peur elle-même.*

Avons-nous compris cet avertissement très, très profond de Roosevelt ?

Il savait de quoi il parlait parce qu'il a vu ce qu'a engendré la grande dépression des années 30 aux États-Unis et en Europe.

La peur est également illustrée par une citation d'Hermann Göring, fidèle lieutenant d'Hitler.

Bien entendu, le peuple ne veut pas de guerre. Pourquoi un homme accepterait-il de risquer sa vie dans une guerre dont il ne peut espérer au mieux qu'en revenir ? entier ? Naturellement, le commun de la population ne veut pas de guerre ; ni en Russie, ni en Angleterre, ni en Amérique, ni, en ce qui nous concerne, en Allemagne. C'est bien entendu. Mais, après tout, ce sont les dirigeants d'un pays qui en déterminent les lignes d'action, et ce n'est jamais qu'une question simple que d'entraîner le peuple, que ce soit dans une démocratie, une dictature fasciste, un Parlement, ou une dictature communiste. […]

Le peuple peut toujours être converti à la cause des dirigeants. Cela est facile. Tout ce qu'il suffit de faire, c'est de leur dire qu'ils sont attaqués et dénoncer les pacifistes pour leur manque de patriotisme qui expose le pays aux menaces. Cela marche de la même manière dans tous les pays. Nuremberg Diary, Gustave Gilbert, éd. Da Capo Press, 1995 (Reprint Édition)

Les champions de la vie n'ont pas peur, ils estiment, prennent des précautions, luttent et agissent… Alors puisque la peur n'empêche pas le danger, j'ai décidé de ne plus jamais avoir peur.

Soyons clairs, le nouvel ordre mondial ne passera pas, cher 18 !

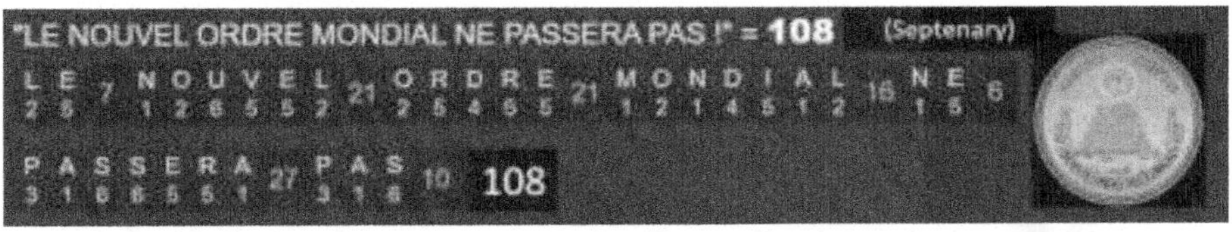

Quant aux, 83, 38 et 61 ce sera échec et mat !

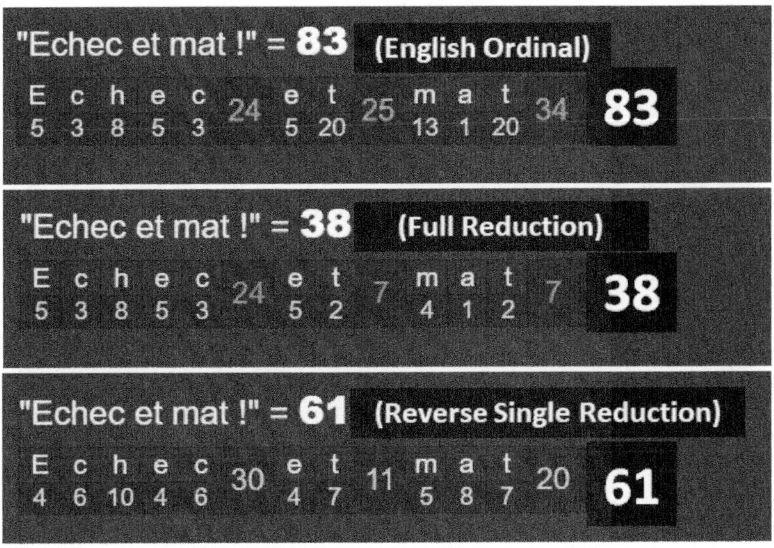

*

Lorsque la mère d'Arnaud apprit le décès de son fils, après celui de son mari, elle rejoignit le monde imaginaire des gens heureux dans un établissement spécialisé. Chaque matin de chaque jour, elle demandait l'aide des infirmières pour l'installer confortablement devant sa fenêtre. Le paysage qui s'offrait à sa vue ne rencontrait qu'un regard perdu dans le vide. La nuit elle se levait seule pour regagner la fenêtre afin de contempler l'homme de sa vie et son fils, ses amours, jouer aux quilles avec les étoiles.

Arnaud avait aperçu Jade son amour de jeunesse lorsqu'il était revenu de Paris pour voir son père à l'hôpital. Il avait entendu pendant son coma que toutes les personnes qu'il avait côtoyées avaient subi des examens et que tout allait bien.

*

ANNEXES
Tables de chiffrement utilisées dans le livre.

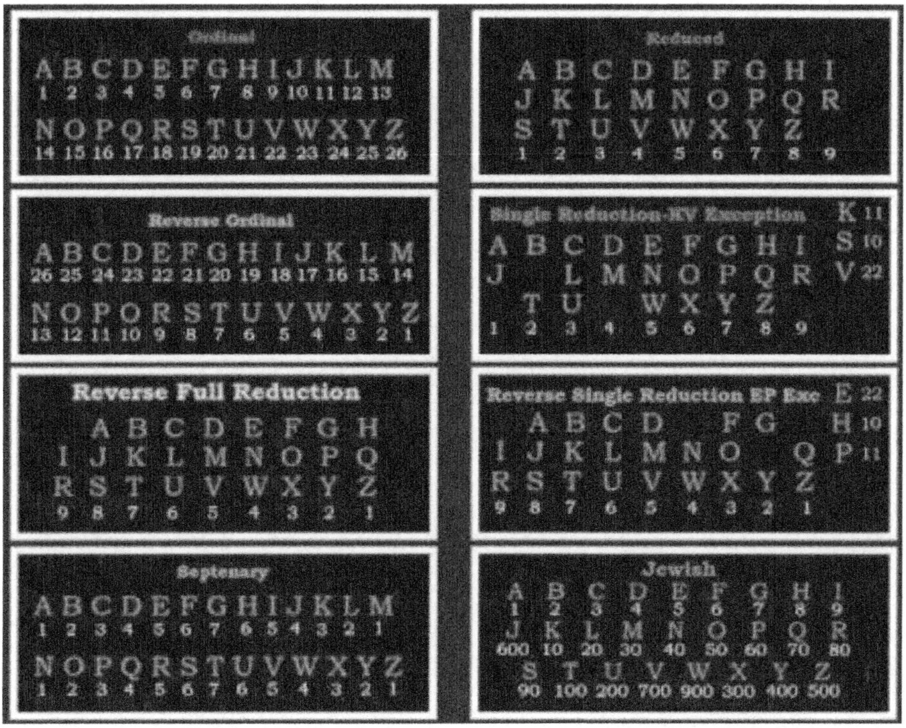

LCH (Kabbalah)

A	B	C	D	E	F	G	H	I	J	K	L	M
5	20	2	23	13	12	11	3	0	7	17	1	21
N	O	P	Q	R	S	T	U	V	W	X	Y	Z
24	10	4	16	14	15	9	25	22	8	6	18	19

Primes

A	B	C	D	E	F	G	H	I	J	K	L	M
2	3	5	7	11	13	17	19	23	29	31	37	41
N	O	P	Q	R	S	T	U	V	W	X	Y	Z
43	47	53	59	61	67	71	73	79	83	89	97	101

Squares

A	B	C	D	E	F	G	H	I	J	K	L	M
1	4	9	16	25	36	49	64	81	100	121	144	169
N	O	P	Q	R	S	T	U	V	W	X	Y	Z
196	225	256	289	324	361	400	441	484	529	576	625	676

Trigonal

A	B	C	D	E	F	G	H	I	J	K	L	M
1	3	6	10	15	21	28	36	45	55	66	78	91
N	O	P	Q	R	S	T	U	V	W	X	Y	Z
105	120	136	153	171	190	210	231	253	276	300	325	351

Jewish Ordinal

A	B	C	D	E	F	G	H	I	K	L	M	N
1	2	3	4	5	6	7	8	9	10	11	12	13
O	P	Q	R	S	T	U	X	Y	Z	J	V	&	W
14	15	16	17	18	19	20	21	22	23	24	25	26	27

Jewish Reduced

A	B	C	D	E	F	G	H	I	J	K	L	M
1	2	3	4	5	6	7	8	9	6	1	2	3
N	O	P	Q	R	S	T	U	V	W	X	Y	Z
4	5	6	7	8	9	1	2	7	9	3	4	5

Franc Baconis

A	B	C	D	E	F	G	H	I	J	K	L	M
2	4	6	8	10	12	14	16	18	20	22	24	26

Subtract 1 for each capital letter

N	O	P	Q	R	S	T	U	V	W	X	Y	Z
28	30	32	34	36	38	40	42	44	46	48	50	52

Sumerian

A	B	C	D	E	F	G	H	I	J	K	L	M
6	12	18	24	30	36	42	48	54	60	66	72	78
N	O	P	Q	R	S	T	U	V	W	X	Y	Z
84	90	96	102	108	114	120	126	132	138	144	150	156

[illegible]

A	B	C	D	E	F	G	H	I	J	K	L	M
36	37	38	39	40	41	42	43	44	45	46	47	48
N	O	P	O	R	S	T	U	V	W	X	Y	Z
49	50	51	52	53	54	55	56	57	58	59	60	61

Chaldean

A	B	C	D	E	F	G	H	I	J	K	L	M
1	2	3	4	5	8	3	5	1	1	2	3	4
N	O	P	Q	R	S	T	U	V	W	X	Y	Z
5	7	8	1	2	3	4	6	6	6	5	1	7

ALW (Kabbalah)

A	B	C	D	E	F	G	H	I	J	K	L	M
1	20	13	6	25	18	11	4	23	16	9	2	21
N	O	P	Q	R	S	T	U	V	W	X	Y	Z
14	7	26	19	12	5	24	17	10	3	22	15	8

KFW (Kabbalah)

A	B	C	D	E	F	G	H	I	J	K	L	M
9	20	13	6	17	2	19	12	23	16	1	18	5
N	O	P	Q	R	S	T	U	V	W	X	Y	Z
22	15	26	11	4	21	8	25	10	3	14	7	24

Printed by Amazon Italia Logistica S.r.l.
Torrazza Piemonte (TO), Italy

23565664R00130